すぐやる人になる
仕事術
100の法則

HOW TO GET TO WORK RIGHT AWAY.

「明日から」を禁句にして
「今日からすぐにやる」実践法

桑原晃弥
TERUYA KUWABARA

日本能率協会マネジメントセンター

はじめに

　日々の仕事に追われている時、ピーター・ドラッカーの「より重要な仕事から逃れるため、つまらない仕事に時間を潰そうという誘惑が常にある」「われわれは優先する仕事を決定したあとで迷い始める。そして結局、何も成し遂げない結果に終わる」といった言葉を思い返すことがあります。

　やるべき仕事に比べ、時間はいつも不足し、時間は何かを成し遂げたい人にとっていつだって最大の制約条件となるわけですが、では日々の仕事において私たちが時間をフルに生かし切っているかというと、必ずしもそうではありません。

　「時間がない」と言いながら、すぐに片づくはずの仕事にも手をつけず、やらなくてもいい仕事に時間を費やすのはよくあることです。「これではいけないな」と思いながらも、その解決に向けて一歩を踏み出せずにいる人も少なくないのではないでしょうか。結果、これまでと同じやり方を繰り返し、再び「足りない時間」を嘆くことになります。

　こんな悪循環を断ち切るために是非とも身につけたいのが「すぐやる」の習慣化です。「すぐやる」ことと、「手あたり次第にやる」ことはイコールではありません。「すぐやる」にはいくつかのコツや準備が必要ですが、それをしっかりと身につけることで人は「すぐやる人」となり、限られた時間の中で最大限の成果を上げられる人になることができるのです。

桑原　晃弥

第1章 「すぐやる」ことのメリットを知ろう

CONTENTS

第2章 「すぐやる」人になるための段取り術

第3章 「すぐやる」人の習慣術

第4章 「すぐやる」チームをつくるために

第5章 「すぐやる組織」のPDCAの回し方

第1章

「すぐやる」ことの
メリットを知ろう

行動には「すぐやる」「やる」「あとでやる」「やらない」の4つある

　行動には、

1. すぐやる
2. やる
3. あとでやる
4. やらない

の4つがあります。

　4の「やらない」は論外です。「やらない」という明確な理由があればともかく、やるべき仕事がそこにあるにもかかわらず、「面倒だから」と「あとでやる」と先延ばしをしているうちに、気がつけば「やらない」になっていたとすると問題です。

　では、1の「すぐやる」と2の「やる」の違いは何でしょうか？たしかに「やる」という点では両者に違いはありませんし、「すぐやる」と「やる」の時間差はごくわずかなものですが、実はそれだけのことでも相手に与える印象は大きく変わってきます。

　たとえば、部下に急ぎの仕事を頼むとき、上司としては喜んでやってもらいたいし、できればすぐにやってもらいと考えています。にもかかわらず、部下が他の仕事を優先してすぐにやろうとしないと、何となくイヤイヤ仕事を引き受けているように思えて

くるのです。

「忙しいところ悪いけれど、これやってくれる」という上司の言葉に「はい」という元気な返事がすぐに返ってきて、すぐに取り掛かってくれれば、安心して仕事を任せることができますが、返事もすぐに返ってこず、すぐに取り掛からないとすると、「本当に任せて大丈夫なのか？　やる気はあるのかな？」と不安になるのは仕方のないことです。

部下としては後回しにしたつもりはなく、今やっている仕事が片付いたら「すぐやる」つもりでも、上司の「すぐやる」と部下の「すぐやる」にズレがあると、せっかくの「すぐやる」が「イヤイヤやる」になってしまうのです。

「すぐやる」というのは、リアクションが速いということであり、スタートが速いということです。一方の「やる」や「あとでやる」は仕事を依頼する側からすると、リアクションが悪く、スタートも遅いということになります。「すぐやる人」はメールの返信などについてもこう考えます。

「2秒後も2時間後も、メールの内容は変わらないと分かっているから、時間をかけない」

依頼された仕事にも同じことが言えます。仕事をすぐにやろうが、あとでやろうがその内容が変わることはありません。だとしたら、日ごろから「あとでやる」とか「やる」ではなく「すぐやる」を心がけてみてはいかがでしょうか。それだけで周囲の評価も仕事の成果も確実に変わってくるのです。

基本的行動

どうせ「やる」のなら「あとでやる」ではなく「すぐやる」を。

「先手必勝」のメリットを知ろう

　同じように仕事を依頼されながら「すぐやる人」もいれば、「とりあえずやる人」も「あとでやる人」もいます。「やる」という点では同じように思えるかもしれませんが、仕事を先手先手でやる人と、後手後手になる人では大きな差が出ます。

1．上司への報告

　「すぐやる人」は上司から指示された仕事にすぐに取り掛かりますから、その進捗状況についても先手先手で報告することができます。上司が知りたいのは「結果」以上に「進捗具合」です。きちんと早めに報告をしてくれる部下を上司は信頼し、任せてくれるようになり仕事の効率も評価もアップします。

　反対に「あとでやる人」は仕事に取り掛かる時期も遅くなるため、上司への報告なども先送りしがちです。これでは上司は不安になり、「あの件はどうなった？」と上司の方から報告を求めることになります。上司と部下の関係で「あれはどうなった？」と聞かれるようではおしまいです。結果的に上司からの干渉は増え、仕事の効率も低下して、評価も低くなります。

２．商談の日時決め

　「すぐやる人」は自分から先に連絡を取り、自分の都合の良い日時を相手に先に提示することができます。結果的に、先方が自分に合わせるようになり、自分に都合の良い日時を設定することができます。

　反対に「あとでやる人」は何事も先送りする傾向があるため、「この件で連絡しなきゃ」と考えているうちに時間が経ち、相手から催促されて日時を決めることになります。結果的に相手の希望に合わせることになり、相手のペースで日時を決めることになりがちです。あるいは、せっかくの商談の機会を失うことにもなりかねません。

３．会議への参加

　「すぐやる人」は会議の始まる10分前には席についていますから、先に資料を読んで自分なりの考えをまとめることができます。結果的に発言の機会を得ることで、議論の流れを自分に引き寄せることができます。

　反対に「あとでやる人」は会議の始まるギリギリに席に着くため資料を読んでいるうちに議論がどんどん進んでしまいます。結果、自分の意見を言う機会もなく、いつの間にか結論が出たということになってしまいます。

　このように「すぐやる人」は先手必勝のメリットをよく知り、実行しているのです。

基本的行動
　仕事でも常に「先手必勝」を心がけよう。

「仕事は締め切りより早く」
の効能を知ろう

　先ほど見たように「すぐやる」ことには多くのメリットがある
わけですが、より大きなメリットの１つにすぐやること、早くや
ることは仕事の質を上げ、評価を上げることにつながるというも
のがあります。

　質の高い仕事をするためには事前の準備に時間をかけ、それこ
そ締め切りギリギリまで粘る方がいいという考え方をする人もい
ますが、芸術作品ならともかく、実は「相手のある」仕事の場合
にはすぐに取り掛かって、締め切りよりも早く仕上げる方がはる
かに大きなメリットがあるのです。

　日本電産を一代で世界的企業に育て上げた永守重信さんがそれ
まで働いていた会社を退職して日本電産を創業したのは28歳の
時ですが、実績のない会社がすぐに仕事を受注できるはずがあり
ません。そこで、専門誌などに次のような広告を掲載しました。

　「競争相手の半分の納期で仕事をします」

　製品の開発段階では、試作品をつくり上げるスピードが重要に
なります。今と違って3D‐CADなどのない時代、メーカーは試
作品をつくっては性能を検証し、さらに改良を重ねるほかはな
く、そのためには試作品をつくる部品の納期が重要でした。そこ

で、永守さんは同業他社よりも早く、通常の半分のスピードで部品をつくるようにしたのです。理由はこうです。

「納期を半分にすれば、仮に一回目に納品した製品がダメでももう一回チャンスができる」

つまり、「どんなものでも試作します」とどんどん営業に回って、「すぐやる、早くやる」を武器に仕事を受注します。その言葉通り人の倍働いてでも受注した部品を半分の納期でつくって納品します。

合格ならそれでいいのですが、仮にその部品に問題があったとしても、その時にはもう一度、他社の半分の納期でつくれば、他社の一般的な納期と同じ納期で相手が納得する部品をつくり上げることができるのです。

もしこれが他社と同じ納期で部品を納入したとして、それが相手の意に添わなければ「やり直し」のチャンスを得ることはできません。その仕事は他社に行くだけです。永守さんはこうした「すぐやる、必ずやる、できるまでやる」を徹底することで日本電産を世界的企業へと成長させることに成功したのです。

仕事をするうえでスピードは大きな武器になります。決して先送りをせず「すぐやる、早くやる」ことができれば、直しの時間もとれるし、結果的により良いものが完成し、上司や取引先の信頼も得ることができるのです。

基本的行動

「すぐやる、早くやる」で締め切りより早い納期を心がける。

「すぐやる」で「間際シンドロームの大損」を防げ

　「すぐやる、早くやる」を徹底すれば、仕事を締め切りよりも早く仕上げることができるうえ、手直しの時間もとれますし、結果的に上司や取引先の信頼も得ることができるわけですが、さらに「間際シンドロームの大損」を防ぐことができるというのが、東レ経営研究所社長・佐々木常夫さんの考え方です。

　佐々木さんが東レに入社した頃は、職場の全員が夜の９時、10時まで働くのが当たり前でしたが、50代の頃に家族の病気などもあり、すべての育児・家事・家族の看病をこなすために、毎日６時には退社する必要に迫られました。そこから生まれたのが仕事を早く終わらせるためのたくさんの工夫であり、結果的に同期のトップで取締役に就任し、その後、現在の地位に就いています。

　そんな佐々木さんが日ごろから心がけているのが「仕事を先送りしないで、その場で片付ける」です。会議の議事録なども不十分でいいので、必ずその日のうちに書き上げますし、出張のレポートなども帰りの新幹線や飛行機で書き上げるなど、普通の人なら「今はゆっくりして、あとでやろう」となるところを「すぐやる」を徹底するのが佐々木さんのやり方です。

疲れていて休みたいところをなぜ「すぐやる」のでしょうか？

理由は「あとでやる」、つまり会議の翌日や出張の翌日にこうした作業をやろうとすると、記憶も薄れており、思い出したり資料を見返したりで余計な時間がかかり、さらに手間取るからです。それよりも、多少粗くても「すぐやる」ようにすれば、まだ記憶もたしかで、たとえ下書きレベルであっても一気に仕上げることができるのです。

佐々木さんがこれほどに仕事の先送りを嫌い、「すぐやる」のは、「間際シンドロームの大損」を防ぐためだとも言います。

佐々木さんによると、やるべき仕事を先送りして、締め切りギリギリでやろうとすると、何かと損が多いと言います。たとえば、「この仕事はあの人に手伝ってもらおう」と考えていたにもかかわらず、「あの人」の都合がつかず、結局は自分でやらなければならなくなったり、上司から「あの仕事はどうなった」と催促されて、苦しい言い訳をしなければならなくなります。

いずれも「すぐやる」を徹底していれば起きなかったことばかりです。仕事を先送りせず「すぐにやる」で臨んでいれば、時間的余裕があるため「あの人」に頼むこともできますし、上司から催促されることもありません。

つまり、仕事の先送りはさまざまな時間のロスや評価の低下を生むのに対し、「すぐやる」は時間を節約できるうえ、仕事を確実に仕上げていくことを可能にしてくれるのです。

基本的行動

「すぐやる」で時間のロスを防ぎ、仕事の質も高めよう。

「失敗覚悟」でトライする

アイデアは「すぐやる人」の手に落ちる

　ヒット商品が登場した時など、「自分は同じことを考えていた」と言ったことはないでしょうか。あるいは、「あの程度なら自分は何年も前に思いついていた」と悔しまぎれに言ったことはないでしょうか。

　こうした人はアイデアというのが同時多発的に生まれ、何人もの人が思いつくものだという事実を知らないか、あるいは軽んじているのではないでしょうか。似たようなアイデアというのは同じような時期に日本中どころか、世界中のあらゆるところで生まれるものなのです。

　将棋の永世七冠の羽生善生九段がかつて新しい戦型を思いついたらどのようなタイミングで試すのかと聞かれ、次のように答えていました。

　「(新しい戦型を実践で試すと) 失敗する可能性の方が高いですね。でも、リスクが高いからといって、1年間じっくり完成度を高めてから実践に投入するなんてことは、不可能です。今は誰もが情報を平等に手に入れられる時代ですから、自分が思いついたアイデアは、だいたい同じ時期に他の誰かが思いついているもの

ですよね。アイデアを寝かせていたら、先にほかの棋士に指され
てしまいます」

　言わば、見切り発車ですから失敗の確率も高いわけですが、羽
生さんがあえて「失敗覚悟」でトライするのは、実践で試すこと
で新しい戦型の可能性や修正点、さらには「こういう手もあるん
じゃないか」という新たな発想が生まれることもあるからです。
それは頭の中で考えているだけでは無理で、「考えて、やってみ
る」ことで初めてできることだと言います。

　つまり、新しいアイデアというのはいろんな場所でいろんな人
が同じようなものを思いつくわけですが、違いはそれを「失敗覚
悟」で「すぐやる」かどうかであり、永守重信さんばりの「すぐ
やる、早くやる、できるまでやる」と粘り抜いた人がアイデアを
形にして成果を手にすることになるのです。
　言わば、成功する人は、思いついたアイデアを「すぐやる」人
で、他人の成功を見て「あの程度は」と悔しがるだけの人は、た
とえアイデアを思いついたとしても、「すぐやる」どころか「あ
とでやる」と先送りしているうちに何もしないままに終わる人な
のです。
　アイデアを思いついたら「すぐやる」を心がけましょう。どん
なに優れたアイデアを考えたとしても、「あとでやる」人が「す
ぐやる」人に勝つことはできないのです。

基本的行動
　アイデアは同時多発で生まれる。「すぐやる」で差をつけよう。

上司から頼まれた仕事の 「あとでやる」はNG

　日々やっている仕事の中には大きな仕事もあれば小さな仕事もあります。人目につく華やかな仕事もあれば、裏方的な地味な仕事もあります。

　人によっては大きな仕事や華やかな仕事は率先してやるものの、小さな仕事や地味な裏方仕事となると途端にやる気を失って、「何でこんな仕事を自分がやらなきゃいけないんだ」とぼやく人もいます。しかしながら、ビジネスの現場においては仕事を選り好みせず、「見ている人は見ているから」を信じてどんな仕事にも懸命に取り組むことが大切だというのが鉄則になります。

　こうした仕事をやる上では「優先順位をつける」ことも大切になりますが、「上司から頼まれた仕事の後回しはNG」というのがキヤノン電子社長・酒巻久さんのアドバイスです。

　ビジネスパーソンの場合、若いうちは特に自分の判断で仕事を選ぶことは難しく、たいていの場合、上司の指示に従って行動することになります。そんな時、上司の指示が締め切りなどを含めて曖昧だったり、方針が的外れだったりすると、ついその仕事を「あとでやる」と後回しにしてしまうことがありますが、酒巻さんによると、これは「部下として一番避けなければならないこ

と」となります。

　もちろん仕事の内容によっては「何でこんなつまらない仕事を自分がやらなきゃいけないんだ」と感じることもありますし、手元にもっと「重要」と思える仕事を抱えていれば、上司の指示を無視してズルズルと先延ばししたくなることもあるでしょう。しかし、こうした先延ばしをどんな上司も「すぐに気づく」し、「不愉快になる」というのです。

　酒巻さんによると、上司はいつだって自分の言った仕事を早くやってもらいたいのです。あるいは、すぐにはできないにしても「できるだけ早い報告」を望んでいます。今日指示を出したら、翌日には報告が欲しいのが上司なのです。

　仕事のスピードは人によって違います。当然、結果の出方も人によって違います。そのため上司が欲しいのは「取り掛かりの早さ」と「報告の早さ」なのです。

　たとえば、途中経過の報告なしに1週間で結果を出した部下と、すぐに取り掛かって随時報告をしながら2週間で結果を出した部下がいる場合、後者の方が「仕事が速い」と上司は感じるというのが酒巻さんの経験からの言葉です。

　こうアドバイスしています。

　「上司からのどんな指示に対しても、サッと気持ちを切り替えて、すぐ取り掛かり、すぐ報告する癖は絶対につけるべきだ」

　ビジネスパーソンである以上、「すぐやる」「すぐ報告する」はビジネスのイロハのイでもあるのです。

基本的行動
　上司からの指示は「すぐやる」「すぐ報告する」が大原則。

「先送りグセ」は時間を浪費し人を疲れさせる

　自分では一生懸命に仕事をしているつもりなのに、なぜか成果が上がらず、しかし疲れだけが溜まっていくという経験をしたことはないでしょうか？

　その原因は「あとでやる」、つまり「先送りグセ」にあると指摘してかつて話題を呼んだのがケリー・グリーソンさんの『なぜか、「仕事がうまくいく人」の習慣』です。

　たとえば、こんな経験はありませんか？

　オフィスに出社して、パソコンの電源を入れてメールを開きます。そこには毎日のようにたくさんのメールが届いています。

　仕事に関係する急ぎのメールもあれば、読んでも読まなくてもいいメルマガなども含まれていますが、とりあえず次から次へとメールを読んでいきます。

　Ａさんからのメールを見て、「そうだ、この件でＢさんに電話しなきゃいけないんだ」と思い出しますが、電話そのものは「あとでかけよう」で終わります。

　Ｃさんからのメールを見て、「そうだ、頼まれていた資料を送らなきゃ」と思い出しますが、やはり「あとで資料を送ろう」と

自分に言い聞かせて、次のメールに移ります。

　Dさんからのメールは製品の不具合についての問い合わせです。担当部署に連絡しなければなりませんが、これも「あとで連絡しなきゃ」と言い聞かせて終わりです。

　以下、同じようなことを繰り返します。

　こうやってたしかに「次から次にメールを読む」という作業は進んでいきますが、実はやるべき仕事は何も片付かず、すべてが「あとでやろう」と先送りされています。

　やっているのは「メールを読む」ことであり、肝心の用件は何一つ片付いてはいないのですから、あとに残るのは「あとであれをやらなきゃ、あとでこれもやらなきゃ」という焦りだけです。

　こうしたやり方だと、メールの用件を実際に処理するときにはもう一度読み返す必要がありますし、「電話をかける」「資料を送る」「担当者に連絡する」ことにはそれなりの時間もかかり、なおかつ処理の結果を先方にメールで知らせる必要もあります。溜まり続ける用件はあとでその人の時間を奪い、心も体も疲れさせていくのです。

　グリーソンの提案はこうした「先送り」をせず、メールを読んだときに「すぐやる」ことを心がけるだけで時間のロスは大幅に減り、かつ電話や資料を待つ相手にも不快な思いをさせずにすむというものです。仕事の効率を上げるためには、「あとでやろう」の代わりに「すぐやる」を実行することなのです。

基本的行動
　メールを読んだら「あとでやろう」の代わりに「すぐやろう」を。

「すぐやる」はミスにつながると誤解していませんか?

　ここまで「すぐやる」ことのメリットを挙げてきましたが、世の中には「すぐやる」ことが「ミスにつながる」と思い込み、何を決めるにも慎重のうえに慎重を期す人や、じっくり考えてから行動を起こす方がいいと考えている人がいるのも事実です。

　一方でこうした考え方に対して「すぐやる」方がミス以上に多くのメリットを生むと主張する人も少なくありません。GEの伝説のCEOジャック・ウェルチは1980年代から90年代にかけて徹底した選択と集中によって同社を世界最強企業に変身させたことで知られていますが、リーダーに最も必要な資質は実行力であり、「『これをしたい』とは言わず、とにかく実行する。『ことを起こす』べきだ」と社員に言い続けていました。

　ビジネスにおいて戦略はもちろん重要になりますが、競争に勝つためには戦略をじっくり考える以上に体を動かすことが大切になります。どんなに素晴らしいビジョンを掲げても、実行がなければ何の意味もありません。実行には困難が伴うものの、それを克服して現実を動かして初めてビジネス上の成果を上げることができるのです。

　特に変化のスピードが速い時代には「じっくり時間をかけて考

える」以上に「考えたことをまずやってみる」方が大切になります。こう言って社員を鼓舞していました。

　「とにかく実行しろ。たぶんそれは正しい決断だ」

　同様の言い方をする人はたくさんいます。
　「人間はどんなに考えても6割しか正しい判断ができない以上、時間をかけるよりもスピードの方が価値がある」と言う人もいれば、「2秒考えても、2時間考えても、答えの精度が変わらない。2時間かけて考えたことより、2秒で考えたことの方が正解率は高くなる」と言う人もいます。
　いずれも考えることに時間をかけ過ぎることなく、まずやってみようという考え方です。
　何かをやる前に「考える」ことは大切です。ただし、「やるかやらないか」に時間をかけ過ぎると結局は「やらない」となりがちですし、仮に「やる」としても「時機を見てあとでやる」となり、結局は「やらない」ままに終わりがちです。これでは何も変わらないし、何も前に進むことはありません。
　今日のように変化の激しい時代、判断や準備に時間をかけ過ぎるとせっかくのチャンスを逃すことになります。それよりも「まずやってみる」を基本にします。それでうまくいけばチャンスを手にできますし、たとえミスをしたとしてもスタートが速ければやり直すチャンスがいくらでもあるのです。

　基本的行動
　「まずやってみる」を基本にしよう。たいていはうまくいく。

「時間の価値」「スピードの価値」を実感しよう

　「すぐやる人」と「あとでやる人」の違いがどこにあるかというと、前者が「時間の価値」や「スピードの価値」を身を持って知っているのに対し、後者にとっては時間もスピードもそれほど大切だと実感していないところにあります。

　マッキンゼーの元日本支社長で経営コンサルタントの大前研一さんは周囲から「スピード違反」と言われるほど多くの仕事をすさまじいスピードでこなすことで知られていましたが、その理由を聞かれてこう答えています。

　「（若いビジネスパーソンは）身を持ってスピードの価値を感じたことがないからだ。私はこれまでいくつもプロジェクトを手がけてきたが、プロジェクトというのは完成が遅れると、1日につき千分の一のペナルティーを支払うというのが世界の常識だということを知っているか。千分の一といっても、1千億円のプロジェクトともなれば1億円だぞ。そういう経験をしていないから、口ではスピードアップしたと言いながら、どこか切実感が足りないのだろう」

　たしかに大前さんが言うように「すぐやる」「早くやる」を実践している人は「スタートが遅い」「仕事が遅い」といったこと

に大きな危機感を感じるようです。

アマゾンの創業者ジェフ・ベゾスがインターネットの急成長に気づいたのは1994年初めのことですが、気づくや否や行動に移し、7月には会社を退社してアマゾンの前身となる「カダブラ」という会社を設立しています。

当時、インターネットを使ったビジネスに成功している人はまだいませんでしたが、そんなことはお構いなしに「インターネットで本を売る」というビジネスを「すぐやる」と行動に移したのは「切迫感」が背中を押したからだと話しています。

ジェフ・ベゾスはこう言っています。

「（ウェブの使用状況が）年に2,300％も成長しているとなると、すぐに行動に移さなければなりません。その切迫感が一番重要な強みになるのです」

ベゾスは秘密情報を手に入れたわけではありません。ベゾスのほかにもインターネットの急成長に「気づいた」人はいるはずですが、そこにチャンスを見出して「やるなら今しかない」と考えて行動したのがベゾスだったということです。

大前さんやジェフ・ベゾスのように「時間の価値」「スピードの価値」を身を持っていれば、何をやるにしても「あとでやろう」などとはならないはずです。時間やスピードの価値を知ることも「すぐやる」人になるためには大切なことなのです。

基本的行動
時間とスピードの価値を意識しながら行動しよう。

大切な「時間」を浪費しないために何をやるべきか

　ここまで見てきたように「すぐやる人」は時間の価値を知り、時間をできるだけ有効に活用しようとしています。

　理由はビジネスにおける最大のボトルネックは時間となることを知っているからです。

　時間は借りることも、買うこともできませんし、仕事ができる人も、できない人と同じ時間しか手にすることはできません。そのためうっかりしていると時間は常に不足するだけに、生産性を上げるためには時間をどれだけ上手に活用するかが大切になってきます。

　ピーター・ドラッカーは言います。

　「成果を上げる者は、時間が制約要因であることを知っている」

　ある人が「たかが30分と思われるかもしれませんが、でも、自分が使える時間は思ったより少ないものです」と話していました。その人は何をするにも「すぐやる」やスピードを意識して仕事をしていますが、そこで生まれる20分、30分がとても貴重なものだと考えています。

　たとえば、会社で過ごす８時間をフルに自分の思うように使うことができれば、抱えている仕事を「時間の不足」を感じることなしにこなすことができますが、現実にはそんなことは不可能です。

　たとえ最初は８時間が与えられていて、その日の予定を考えていたとしても、その通りに実行することはできません。上司からの急な仕事の依頼もあれば、会議の予定が長引くこともあり、突然の来客や電話に予定外の時間を割かれることもあります。

　このように自分の時間を奪う要素はとてもたくさんあるだけに、時間は減ることはあっても増えることはありません。気がつけば８時間のうち、自分の思い通りに使える時間はせいぜい１〜２時間というのが実際のところではないでしょうか。

　そう考えると、自分の使える時間はとても貴重なものだし、20分、30分という時間はとても貴重なものだと思えるようになってきます。

　その貴重な時間を使って、ちょっとした仕事でも「すぐやる」人もいれば、メールを読み、資料を開いて読みながらも、次のアクションに関しては「あとでやる」と先延ばしをしてしまう人もいます。これでは貴重な時間がさらに減っていくばかりです。

　仕事で成果を上げるのに時間ほど貴重なものはないし、時間こそが制約要因であることを知ることは「すぐやる人」になるうえでとても大切なことなのです。

基本的行動
　時間の価値を知れば、「すぐやる」ことができる。

「どうすればできるか」考える

「言い訳」をしている間に「できる」ことがある

　「言い訳をする頭で『どうすればできるか』を考えよ」はトヨタ式の鉄則の1つです。

　厄介な仕事や難しい仕事を指示された時、そこに「難しそうだからやりたくない」とか「面倒で手間もかかりそうだし、できれば他の人にやってもらいたい」という気持ちがあると、人は懸命に「できない言い訳」を考えるようになりますが、いくら上手に言い訳をしたところで肝心の仕事は一向に進むことはありません。

　大事なのは課題を解決したり、仕事を前に進めることですから、あれこれ「言い訳」を考えて、先延ばしする努力をするよりも、「どうすればできるか」だけを考えて、考えたなら「すぐやる」ようにしろというのがトヨタ式の鉄則なのです。

　このケースと同じように私たちは「やりたくないなぁ」という気持ちがあるとついあれこれ言い訳をして「やるべきこと」を「あとでやる」と先延ばしをする傾向があります。

　その仕事がいつも厄介だったり、難しいというわけではありません。ただ単に「何となく気分が乗らない」こともあれば、「ちょっと憂鬱な気持ちで仕事をする気になれない」ということ

もあるはずです。

　結果、「この資料は面倒そうだからあとにしよう」「厄介なメールがあったら嫌だからあとにしよう」と先延ばしをしてしまいます。あるいは、上司に指示されたちょっとだけ厄介な仕事をしている時、お客様からの電話などがあると急ぎでもないのにそちらを優先して、「あとでやろう」としまい込んでしまいます。

　やる前は「厄介そう」で「時間がかかりそう」だからと、あれこれ言い訳を考えて「あとでやろう」と先延ばしをするわけですが、こんな時に最もいい解決法はあれこれ考えずに「すぐにやる」ことです。

　すると、時間がかかりそうに思えた仕事が案外早く終わったり、資料もメールも面倒なものはなく、ものの何分かで終わるということもよくあります。あるいは、多少時間はかかったとしても、やる前の逡巡する時間のことを考えれば「ああ、こんなことならすぐにやればよかったなぁ」と思えるかもしれません。

　このように言い訳を考えたり、ああだこうだと悩んでいる間に「すぐにやる」と取り掛かってみれば、案外簡単に終わる仕事もあるものです。上司から指示された仕事を「面倒だから」と先延ばしして、催促されてあれこれ「言い訳」をするぐらいなら「すぐやる」方がはるかにいいのです。

　仕事を「やらない」「あとでやる」のために「言い訳」を考えたくなったら、その間に「すぐやる」を実行すれば、言い訳を考える必要も言い訳をする必要もなくなります。

基本的行動
　言い訳をしたくなったら、「すぐやる」ようにしよう。

「明日からやろう」では
「今日１日」がムダになる

　一念発起をして何か新しいことをやろうと決めた時、「よし、今日からやろう」とすぐに実行に移すのと、「明日からがんばるぞ」と先延ばしするのでは大きな違いがあります。

　ある著名な講師がとある企業の研修に行ったところ、15分前に到着した時には既に参加者が全員集まっていました。そこで、講師が「せっかくみなさんが集まっていることだしすぐに始めませんか」と提案したところ、「予定は２時ですから」と断られました。

　講師がさらに「みなさんの時給を考えると、ただ待っているというのはもったいないじゃないですか」と言うと、返ってきたのは「さすがですね。じゃ、次からそうします」という答えでした。

　講師によると、こうした企業というのは研修などで「今すぐにできること」を提案しても、たいていの場合、返ってくるのは「いいですね。じゃ、来期から」という答えが多いといいます。

　たとえ小さな提案でも「今すぐにできること」を「すぐやる」のと、「あとでやる」のでは結果に差が生まれます。いいと思ったら「すぐやる」企業と、いいとは思いながらも「あとでやる」「次からやる」と言う企業では徐々に差が生まれ、やがて大きな

差になるというのがその講師の感想です。

　トヨタ式を実践しているある企業で若い社員Ａさんが上司から「あの工程に問題があるので改善するように」と言われました。午後の遅い時間だったため、Ａさんが「では、明日の朝から取り掛かります」と答えたところ、上司からは「残業してでも今日やれ」と言われてしまいました。

　言われてＡさんは多少の残業をして改善をしましたが、Ａさんはなぜ「今日やれ」だったのか理解できず、翌日、上司に理由を尋ねたところ、こう言われました。

　「あの工程には問題がある。にもかかわらず明日の朝から改善に取り掛かったとしたら、あの工程で働いている人たちは今日１日、不便を我慢しなければならないし、明日の朝も我慢しなければならない。お前にとっては今日も明日も同じかもしれないが、働いている人にとっては今日中に問題が解決すれば、明日からはもっといい仕事ができることになる」

　「明日やろう」や「次からやろう」は今日できることを先延ばしすることを意味します。結果、「すぐやれ」ば得られたはずの利益を失い、問題を先送りすることになってしまいます。

　禁酒や禁煙を「明日からやろう」と言う人は「今日は目いっぱい」お酒やたばこを楽しむものです。結果、「今日は」が続いていつまでたってもやめられなくなりがちです。

　何かをやろうと思ったなら、「明日からやろう」ではなく「今日からやろう」を心がける。スタートでのほんの少しの違いも時が経てば大きな違いになるものです。

基本的行動
　「明日から」を禁句にして「今日からすぐにやる」を心がける。

「すぐやる」とうっかりミスが減ってくる

　「すぐやる」ことのメリットは「成果を上げる」とか、「競争に勝つ」といった大きなことばかりではありません。

　携帯電話の代金など公共料金をクレジットカード払いにしたり、銀行の引き落としにしている人はともかく、以前は会社から「○月○日までに支払ってください」という請求書が送られてきて、それを銀行や郵便局、コンビニなどですぐに支払えばいいものをなぜか期限ギリギリまで粘って結局支払いを忘れるという人も案外いました。

　知り合いの中にも決まって1か月のうち2、3日は携帯電話が不通になる人がいました。決してお金がないわけではありませんが、学生の頃から支払いが遅れがちなため、彼を知る人間のほとんどは「あぁ、また料金を払い忘れている」と笑ってすませていましたが、その性格を知らない人から見ると「携帯が不通になるなんてお金に困っているんじゃないか」とか、「代金を払い忘れるとはなんてルーズな人なんだ」と誤解した人もいたのではないでしょうか。

　こうした人は携帯料金の支払いに限らず、何につけても「あとでやる」とばかりにすべてを先延ばしする傾向があります。お金

がないわけでも、お金を払わない明確な理由があるわけでもありません。ただの怠慢です。

人によっては金額の多寡にかかわらず、「支払いは期限ギリギリまで伸ばした方が得」と思い込んでいる人もいますが、その間にそのお金を株などで運用して増やす自信でもあればともかく、単に「銀行や郵便局に支払いに行くのが面倒くさい」とか、「まだ日にちがあるから急がなくてもいいや」程度の理由で先延ばしをしているとしたら、結局は「支払いを忘れる」というつまらないミスによって督促を受けたり、信用を落とすという損失を被ることになるのです。

同様の「今は面倒くさいからあとでやろう」によって起こるミスはたくさんあります。たとえば、食事のあとに飲むはずの薬を飲み忘れたり、ポストに投函するはずの手紙を出し忘れたり、解約の期限を過ぎて余計な費用を払うことになるなど、「あとでやる」「ギリギリにやる」が習慣となっている人はほんのささいなことでミスをして損失を被ったり、信用を落とすことになりかねません。悪意のないうっかりミスも続くと「この人には安心して仕事を任せることはできないな」となってしまいます。

こうした「あとでやろう」による「うっかりミス」を防ぐためには、小さなことこそ「すぐやる」を心がけることが大切になります。携帯料金を支払うといったささいなことで信用を落とすほど愚かなことはありません。

小さなことですが、小さなことをきちんとできて初めて人は大きなことをやることができるのです。

基本的行動
うっかりミスを防ぐためには「すぐやる」を心がけよう。

「忙しい」が口癖の人は
すべてを先延ばしする

　「定年になったら妻と旅行もしたいし、本も読みたいし、ゴルフもゆっくり楽しみたいなぁ」と定年後の夢を語る人がいます。

　たしかに仕事をするということはたくさんの責任を抱え、懸命に努力しなければなりませんが、かといって「仕事」と「趣味」と呼ばれるものは本当に両立しないものなのでしょうか。また現役時代には「趣味」は我慢して先送りしなければならないものなのでしょうか。

　しかしながら、世の中で仕事ができると言われている人の中には仕事に全力で取り組みながらもプライベートで旅行や音楽といった趣味を楽しんでいる人が少なくありません。こうした人たちを見ていると、仕事も趣味も決して先延ばししないところに秘訣があるようです。

　ある企業の経営者は若い頃、尊敬する上司が日ごろからたくさんの本を読み、勉強をしていることを知り、成果を上げるためには本を読み、勉強し続けることが大切だとして自らに課し実践し続けてきました。

　ところが、そのことを若い社員や管理職に言うと、たいていの人から「忙しくて、勉強する暇なんてありませんよ」という反論

が返ってきてがっかりするといいます。

　確かに「忙しい」に嘘はないのでしょう。かといって「本を読む時間がないほど忙しい」は本当なのでしょうか。最近は若い人に限らず、管理職も経営者も「本を読む暇がない」と言い訳をします。しかし、実際には「本を読む時間がない」のではなく、「ゲームなどほかのことをやっているだけ」なのではないでしょうか。

　「忙しい」「暇がない」が口癖の人は、とかく仕事に追われる傾向があります。目の前の仕事に追われるあまり、やるべき仕事さえ先延ばしにしてしまい、そのうえ勉強をするとか、本を読むことも「忙しい」「暇がない」を利用に後回しにしてしまいます。

　こうした人は、趣味も先延ばしします。

　「定年になって時間ができたら妻と旅行を楽しみたいなぁ」

　「定年になったら溜まっている本でもゆっくり読みたいなぁ」

　もっともな話に聞こえますが、旅行も本も「定年後」を待たずとも「今でも」できることです。にもかかわらず、あえて「定年になったら」と先延ばしする人は、仕事にも追われ、肝心なことも先延ばししてしまっているはずです。

　反対に「すぐやる」を心がける人は初めからスケジュールの中に旅行や読書、ジムに行くといった時間を組み込むことで先延ばしをせず、仕事も趣味も楽しむようにしています。こうした人にとっては「あらかじめ決めた予定」が障害ではなく、仕事をスピーディーにやるための背中を押してくれているのです。「すぐやる」こそが仕事と趣味を両立させてくれるものなのです。

基本的行動
　「すぐやる」ことで仕事と趣味を両立させよう。

チャンスはつかむもの

「すぐやる」からこそ偶然の
チャンスを手にできる

　目の前にチャンスが訪れた時、そのチャンスをつかむことができるか、それともチャンスを逃してしまうかの違いはどこにあるのでしょうか?

　チャンスを逃す人は「すぐやりたいのですが、今は予定が入っているのでできません」とせっかくのチャンスを先延ばししてしまうのに対し、チャンスをつかむ人は「予定を変更します。すぐにやらせてください」と予定を変更してでも「すぐやる」という姿勢で臨みます。

　理由は簡単です。

　仕事をしているほとんどの人は「予定」が入っており、できる人はたいていの場合、「何かほかの仕事」をしています。仕事のできる暇な人を探すなどほとんど不可能で、たいていの人が「ほかのことをやっている」中で目の前に訪れたチャンスを「すぐやる」か「あとでやる」かの決断を迫られるのです。

　フェイスブックの創業者マーク・ザッカーバーグが「フェイスブック」というサービスを生み出したのはハーバード大学の在学中です。フェイスブックの可能性を感じたザッカーバーグは大学を中退して起業へと向かいますが、その決断が功を奏したという

のが共同創立者のダスティン・モスヴィッツの見方です。こう話しています。

「ほかの連中なら、まず大学を卒業することを優先したかもしれないが、マークは自分のやりたいことを見つけた時にまっすぐそれに突進した」

成功には才能や野心、幸運が必要になりますが、同時にタイミングも重要になります。どんな野心ある天才もタイミングを間違えては敗者となります。

ザッカーバーグはハーバード大学という将来が約束された大学の学生でありながら、不確実ではあっても「もしかしたら世界を変えられるかもしれない」というチャンスを前に予定を変えて「すぐやる」ことを決断したからこそ大きな成功を手にすることができたのです。

せっかくのチャンスを前に、一回決めた予定に縛られて、「予定が入っているのでできません」と断ったり、「あとでならやります」と先延ばしするのはあまりにもったいないことです。

たいていのチャンスは、暇を持て余している時ではなく、既に予定が入っている時にやってくるものです。そんな時、「今月は難しいので、来月にしていただけますか」と言うか、「ちょっと難しいですね」と断るか、それとも「分かりました、予定を動かしてすぐやるようにします」と言うかでその後の評価や人生が変わることもあるのです。

「すぐやる」はチャンスを逃さないためにも有効なのです。

基本的行動
「すぐやる」ためにも計画変更をためらうな。

「すぐやる」はチームにとって武器になる

　ものづくりの世界に「ボトルネック」という言い方があります。１つの製品をつくるためには何百、何千という工程があるわけですが、効率よく生産するためにはそれぞれの工程が60秒なら60秒という同じ時間で作業をすることが大切になります。

　もしこの時間がバラバラだと何が起こるでしょうか？

　たとえば、前の工程は１つの作業を60秒で終えて、次の工程に製品を流すのに対し、その工程が90秒かかるとすれば、その次の工程はたとえ60秒で作業ができるとしても、30秒間の待つ時間が生まれることになります。

　反対に前の工程が30秒で作業を終えて次の工程に製品を流してしまうと、次の工程は60秒で作業をするわけですから、次々と製品が溜まっていくことになります。

　このように製品を効率よく生産するためにはすべての工程が同じ時間で作業しなければならないにもかかわらず、早すぎるとつくり過ぎのムダが生まれ、遅すぎるとその工程がボトルネックとなって製品は「60秒」ではなく「90秒」でしかできなくなってしまいます。

　つまり、たった１つの「遅れ」が全体の「遅れ」になってしま

うのです。

　生産現場に限らず仕事の多くは人から人へと受け渡されたり、あるいは人と人が一緒になってチームで作業をすることで進んでいきます。そんな時、「すぐやる」人と、「あとでやる」人が組むといろいろと問題が起きることになります。

　ここでポイントになるのは「仕事のスピード」ではありません。仕事が速いか、それとも多少時間がかかるかは個人差がありますが、仕事に取り掛かるのが早いか遅いかは本人の努力によってなんとかなるものです。

　にもかかわらず、「あとでやる」と仕事を先延ばしして次の人に仕事を渡す予定の期日を過ぎてしまえば、その遅れは次の人の仕事に影響を与えることになります。チーム内であればみんなが同じように仕事に取り掛かる中で、「自分はスロースターターだから」と呑気に構えていたとしたら、結局はチーム全体の仕事も遅れることになってしまいます。

　こうした人と一緒に仕事をするのは誰もが嫌なものです。反対に「すぐやる」を心がけている人は、チームの牽引役となってくれますし、次に仕事を受け渡される人も締め切りより早く仕事が回ってくれば、その分、余裕を持って仕事をすることができるだけに大歓迎です。

　チームで仕事をするなら「すぐやる」を心がけることです。「すぐやる」はあなたにとってもチームにとっても武器となるのです。

基本的行動
　チームでの仕事は「すぐやる」を基本にしよう。

「すぐやる」で小さな信頼を積み重ねる

　かつてある営業会社が契約がまとまらなかった理由を知ろうと、コンサルティング会社に依頼して営業社員とお客様の両方にヒアリングをしたことがあります。

　営業社員の理由は次のようなものでした。

1．自社の商品の価格が高すぎてライバルに勝てなかった。
2．ライバル会社にお客様の知り合いがいて最後にひっくり返されてしまった。
3．景気が悪く収入が増えないことを不安に思ったお客様が最終的に購入を見送った。

　一方、お客様の理由は次のようなものでした。

1．営業社員の礼儀がなっておらず「この人から買うのは嫌だなぁ」と思った。
2．約束の時間に遅れたのに電話もなく、謝罪もなかったうえ、こちらの話も聞かずに一方的に製品の説明ばかりした。
3．見積書や書類を「すぐに送ります」と言いながら、こちらが催促するまで送ってこなかった。その点、ライバル会社の営業社員はすぐにお礼状が来て、見積書もすぐに持ってきてくれた。

　契約などがまとまらない理由はもちろん１つとは限りません。いろいろな事情が重なってまとまらないにしても、たしかに営業社員の服装や髪形、物言いが「なんか嫌だ」という理由で契約をためらうお客様がいるのも確かです。資料や見積書などに関しては「すぐにお届けします」と言いながら１日、２日経っても届かないと、「遅いなぁ、大丈夫かなぁ」と不安になるものです。

　反対にすぐにお礼状が届いたり、資料などがすぐに送られてくると、それだけで「きちんとしていて信頼できるなぁ」と印象が良くなるのもたしかです。

　「すぐやる」「やる」「あとでやる」の時間差はそれほど大きなものではありませんが、その少しの時間差で相手に与える印象は大きく変わってきます。お客様などに対して「のちほど送ります」「のちほどお届けします」と言った以上、「すぐやる」が基本です。もし「あの資料はまだですか」などと催促されたら、それだけで負けなのです。

　会合などで名刺交換をした人には「すぐにメールをする」ことを習慣にしている人がいます。その人によると返信が来るか来ないかは気にしないと言います。それでもすぐにメールをするのはわざわざ名刺交換をした以上、それをしないのは「なぜ名刺交換をしたのか意味が分からない」し、それがきっかけで新たなつながりが生まれることも多いと言います。

　「すぐやる」は信頼を生む最初のステップなのです。

基本的行動
　「すぐやる」ことで信頼を確かなものにしていこう。

どんな時にも「はい、やります」と言ってみよう

　上司から仕事を依頼されたら「すぐやる」が基本ですが、では「これちょっと厄介な仕事なんだけどできるか？」と言われた時はどうでしょうか？

　多少忙しくても経験のある仕事なら、「どのくらいの時間がかかるか」も見当がつきますし、「すぐやる」ことも可能ですが、これまでにやったことのない、まして「厄介な仕事」となると躊躇する気持ちが生まれます。

　かといって、ここで躊躇すると「だったらいいよ、別の人に頼むから」になってしまいます。こんな時、ためらうことなく「はい、やります」と「すぐに答える」ためには何が必要なのでしょうか？

　幼児教育の専門家の八田哲夫さんは絶対に勉強ができる子になるためには、「先生が何か言ったら、0.2秒で『はい』と返事するんだよ」と教えることが効果的だと話しています。

　0.2秒というのは、反射的に動く速さです。先生が「この問題が分かる人」と言ったら、すぐに「はい」と答えます。子どもたちからは「問題が分からない時はどうするの？」と質問されますが、八田さんはこう説明しています。

　「大人になって、働き始めて、『この問題やってくれる人』と言われた時、『はい』って手を挙げると、それだけで先輩や上司にかわいがられる。そして必ず助けてくれるものなんだ。『はい』と言うのは、答えを知っているというより、やる気があるという意味なんだ。だから、先輩や上司はかわいがって助けてくれる。ずっと先のことだけど、覚えておきなさい」

　難問や厄介な仕事を前に「はい、私にやらせてください」と言うのは難しいものです。だからこそ、小学校からずっと積み上げて習得していくことが大切だというのが八田さんの考え方です。

　「どんな陳情でも、素直に『わかりました』と答え、お受けする」と主張するのは元代議士秘書の尾藤克之さんです。議員の元にはありとあらゆる陳情があり、なかには違法行為に近いものもありますが、かといって「ノー」とは言いません。どんな陳情にも「わかりました」と答え、「すぐやる」姿勢を見せます。

　ただし、違法行為に及ぶことはありません。しばらく放っておいて、支持者には「今回は私の力不足でした。私の責任でございます」と平謝りします。すると、支持者にも後ろめたさがあるだけにそれ以上要求することはありません。無理だからと断ると角が立つのに対し、「イエス」と言って「すぐやる」姿勢を見せれば決して悪い印象は残らないというのが尾藤さんの考え方です。

　いずれもやや特殊なケースですが、「すぐやる」という姿勢を示すことで相手からの印象ががらりと変わることは分かります。はっきりしない態度は「だったら、いいです」につながります。「すぐやる」は返事においても大切なことなのです。

基本的行動
　難しいからとためらわず、「はい、やります」と答えよう。

「自分はすぐやる人か
あとでやる人か」を知ろう

　仕事で成果を上げるためには「強み」を知ることが大切だというのがピーター・ドラッカーの考え方ですが、同じように重要だと指摘しているのが「自らがいかなる仕事の仕方を得意とするか」を知ることです。

　たとえば、

1．１人で働く方がいいのか、人と組んだ方がいいのか。

2．リーダーが向いているのか、ナンバー２的な補佐役や助言役の方がいいのか。

3．緊張状態に置かれた方がいいのか、落ち着いた環境の方が力が発揮できるのか。

4．大きな組織の方が向いているのか、小さな組織の方が向いているのか。

といった問いに対して、「自分はこっちの方が向いている」ということを知ることこそ成果につながります。

　なぜこのようなことを知る必要があるかというと、それを知らないがために得意でない仕事のやり方を選んで、結果的に成果が上がらない人がとても多いからです。

　たしかに世の中にはナンバー２としては素晴らしい活躍をした

のに、トップになった途端に挫折する人もいます。大企業で輝いていた人が小さな企業に移った途端にダメになることもあれば、その逆もあります。

　まずは自分にとっての「仕事の仕方」を知り、その仕方でいいのか、それとも変える必要があるのかといったことを考えることが成果へとつながっていくのです。

　たとえば、あなたは「すぐやる」「やる」「あとでやる」「やらない」の４つの行動パターンのうち、最も自分に近いやり方はどれになるのでしょうか？

　あるいは、「①スタートが早くスピードも速い　②スタートは早いがスピードは速くない　③スタートは遅いが、そのあとのスピードには自信がある　④スタートが遅く、仕事のスピードも遅い」という４つのパターンなら、どれに当てはまりますか？

　さらに自分でこうした評価をしたうえで、可能ならチームのメンバーや上司にも「自分はどのパターンだと思いますか？」と聞いてみることです。自分の評価と他人の評価は往々にして食い違うものです。

　自分では「すぐやる人で仕事も速い」と思い込んでいても、周りからは「結構先延ばしするよね」と思われているかもしれません。「すぐやる人」になるためには、まずは自分自身の仕事のスタイルを「知る」ことです。そのうえで変えるべきは変えることで「あとでやる」から「すぐやる」に変わることができるのです。

基本的行動
　自分の仕事のスタイルをきちんと理解しよう。

「今日、自分は何をしたか」を評価してみよう

　自分が「すぐやる人」なのか、「あとでやる人」なのかを知るためには、１日の仕事量や内容を記録するという方法が効果的です。次のような方法はいかがでしょうか。

1. プライベートも含めてその日にやるべきことの１つひとつをノートに書き込みます。１日のスケジュール表です。
2. やるべきことが１つ終わったら、赤線なりマーカーなどを引いて終了したことが分かるようにします。
3. その際に「すぐにやる」はずのものを「あとでやる」にしてしまった場合、分かるように印をつけ、「理由」を書き添えておきます。たとえば、「急に外出することになった（急な外出）」「上司から急な仕事を依頼された（急な仕事）」「前の予定が押してやる時間がなくなった（時間不足）」「面倒くさかった（やる気不足）」などと書いておきます。
4. 夜、１日のスケジュールを見直してみます。

　１日の始まりに「今日は何をやるか」という計画を頭の中で立てる人はたくさんいます。しかし、その計画がどれだけ達成でき

たのか、計画に比べて何ができて何ができなかったのかを振り返る人はあまりいないのではないでしょうか。

　計画が完璧に達成できた時や、計画以上の仕事をしていれば達成感が得られますし、もしやるべきことのほとんどができなかったとすれば、明日からどうやって挽回するか、なぜできなかったのかを考えるきっかけともなるだけに、こうした「振り返りの時間」を持つことはとても有意義です。

　1日のスケジュールを振り返るだけならほとんど時間はかかりません。ほんの数分あれば「今日はこんな感じだったんだな」と分かりますし、明日の計画も立てやすくなるはずです。

　その際、大切なのが「すぐやる」はずが「あとでやる」になったものの理由をしっかりと知ることです。急な外出や急な仕事は仕方ありませんが、なかには「何でこれを先延ばししたのかな」というものもあるはずです。

　このような確たる理由もなしに先延ばししてしまった場合などは「その原因」を考えてみることで「あとでやる」習慣を少しずつ変えていくことができるだけに、しっかり振り返るようにしましょう。

　残業が当たり前になっている人はあらためて「残業の理由」を考えようとはしません。しかし、それでは残業時間が減ることは決してありません。「あとでやる」が常態化している人もその原因を知ることで初めて「すぐやる」人になることができるだけに、まずは1日の仕事ぶりを振り返ることから始めてみてください。

基本的行動
　1日の仕事を振り返り、「あとでやる」の量と原因を知ろう。

第2章

「すぐやる」人になる ための段取り術

まずは整理整頓から

「ものを探す」は仕事では
ないと自覚しよう

　ここまでで「すぐやる」ことのメリットについてはある程度理解できたのではないでしょうか。次に「すぐやる」ためにはどのような準備をすればいいのかについて考えていくことにします。

　「すぐやる」を妨げる最初の壁は「ものを探す」ことです。人によっては机の上に書類をうず高く積み上げながら、「自分には何がどこにあるかがすべて分かっている」と言い張る人もいますが、たとえば上司から「この前の資料を出して」と言われてすぐに出すことができず、何分も資料を探すようではそれだけで「すぐやる人」は失格ですし、上司の信頼も得ることはできません。

　自分1人でやる仕事についても同様です。せっかく「すぐやる人」になろうと、気持ちの上では「すぐやろう」と張り切ったとしても、肝心の資料探しに時間がかかったり、必要な道具などが見つからなければ、「すぐやる」ことはできません。

　つまり、探し物に時間をかけず、必要なものが必要な時に必要なだけすぐに用意できるということは、「すぐやる」ための前提条件なのです。

　「ものを探す」が一体どれほどのムダを生んでいるかを見てみましょう。

『気がつくと机がぐちゃぐちゃになっているあなたへ』の著者リズ・ダベンポートによると、平均的なビジネスパーソンは年間150時間を探し物に費やしていると指摘していますし、大手文具メーカーのコクヨは、書類探しに年間80時間を費やしているという調査をまとめています。

あるいは、「ムダどり」で知られるトヨタグループでは「探しものを始めとするムダな動きは全体時間の30％を占めている」と指摘しています。

こうした数字を多いと見るか少ないと見るかは人によって違いがありますが、たしかに日々の仕事において書類だけでなく文具や名刺、メールなどを含めて「あれはどこに行ったんだろう」と探すさまざまな時間を加えると、整理整頓の苦手な人は年間100時間以上を費やしているのではないでしょうか。

これではいくら気持ち的に「すぐやろう」と思ったとしても、「すぐやる」ためにはたくさんの「探しものの時間」が必要になってきます。たとえ「探しもの」にすぐに取り掛かったとしても、整理整頓の行き届かない職場では仕事そのものを「すぐにやる」ために、日々ある程度の時間がムダになることになります。

こうしたムダをなくすためには、まずは資料やものの「整理整頓」を徹底することが欠かせません。「整理」というのはいらないものを思い切って捨てることであり、「整頓」というのは必要なものがすぐに取り出せるようにすることですが、「すぐやる」ためには「まずは整理整頓から」がスタートになるのです。

基本的行動
整理整頓を徹底して「ものを探す」時間を減らしていこう。

整理整頓はこうやって進めよう

　「すぐやる」を実践するためには、まず大前提として「ものの整理整頓」を行うことが不可欠です。たとえば生産現場でものをつくるためには、必要な部品や材料が完璧に揃っているだけでなく、必要な道具があり、機械設備も「すぐに動かせる」状態であることが必要ですが、なかには倉庫などの整理整頓が行き届かず、「あれとこれを持ってきて」と指示したとしても、「ものを探す」ことに多くの時間を要する企業もあります。

　あるいは、工事会社などでも社員が車に乗って現場に「すぐに行こう」としても、その日に必要な部品や材料、道具を揃えるのに時間がかかってしまうと、すぐに出発することはできません。なかには朝礼で「出発」と言ってから、道具などの準備に30分近くかかる企業もあり、これではいくら「すぐやる」「スピーディーに」と口で言っても何の意味もありません。

　「ものを探す」ことに時間がかかるというのは、このように「すぐやる」うえでは大きな障害となってきます。ビジネスの現場で20分も30分もものを探し回ることはあまりないかと思いますが、それでも「あれはどこにいった」と机の中やパソコンの中を探す２、３分が積み重なれば前述したように150時間とか80時

間となるのです。

　トヨタ式は整理整頓の徹底をすべての基本と考えていますが、そこで問われる「片付け」のレベルは以下のとおりです。

１．必要な書類を探すのに10秒以上かかりますか？
２．１週間以上使っていない文房具が引き出しに入っていませんか？
３．引き出しの一番奥にあるものが何かを即答できますか？
４．机の上に１か月以上触れていない書類はありませんか？

　いかがでしょうか？　もしこの問いに１つでも「イエス」と答えた場合、「すぐに整理整頓をする」必要があります。

　整理整頓の具体的なやり方については『整理・整頓100の法則』を参照いただくとして、まずは身の回りにあるたくさんのいらないものを「捨てる」ところからスタートしましょう。

　必要な資料が見つからない原因の多くは、あまりに多くの資料があり過ぎて「何がどこにあるか」が分からなくなっているからです。ここでやるべきは「今あるもの」をきれいに並べる「整列」ではなく、いらないものを捨てる「整理」と、必要なものが必要な時に「すぐに」取り出せるようにする「整頓」です。

　「いつか必要になる」が「必要になる」ことはほとんどありません。まずは大胆に捨て、以後は小まめに捨てることで「整理整頓」の行き届いた環境をつくることが「すぐやる」のスタートなのです。

基本的行動
　「書類は10秒以内」を目途に整理整頓を進めよう。

「余計な仕事」を上手に
やっても意味がない

「すぐやる」を実践している人はこう考えます。
「余計な仕事をしない」
「やらない仕事＝捨てる仕事を決める」

　どんなに仕事が速い人でも、仕事を選ぶことなくありとあらゆるものをやろうとすれば、時間がいくらあっても足りるはずがありません。スピードを上げたとしても、「やらない＝ゼロ」に勝るものはありませんから、仕事の速い人はたくさんの仕事の中から「やらなくていい仕事」や「高い完成度の求められない仕事」などを見極めることで「塊の時間」を確保して、「本当にやるべき仕事」を「すぐやる」ことで成果を上げていくのです。

　「そうは言ってもやらなくていい仕事なんてないよ」と反論する人がいるかもしれませんが、ある経営者が課長時代、部下全員の過去1年間の業務を分析したところ、以下のような結果だったと知り愕然としたと話していました。

「本当に必要な作業」40％
「する必要のない作業」60％

　これほどにする必要のない仕事をやっていれば、たしかに時間はいくらあっても足りず、「残業漬け」になるはずです。

　トヨタ式では、お客様の存在しない仕事や、誰も必要としない仕事、付加価値を高めない仕事を「ムダ」と呼びますが、私たちの仕事は「作業」と「ムダ」に分かれ、作業は「正味作業」と「付随作業」に分かれます。

「ムダ」：作業に何ら必要がなく、原価のみを高める動作。誰も読まない資料をつくることもムダとなります。

「付随作業」：付加価値のつかない作業、現在の作業環境ではやらなければならない作業。たとえば、商談のための長時間移動などが不随作業にあたります。

「正味作業」：付加価値を高める作業。ムダを省き、本来はやらなくていい付随作業を改善することで正味作業の比率を高めていくことが求められます。

　このように私たちが「仕事」と思ってやっていることの中には実はたくさんの「ムダ」や、改善すべき「付随作業」が含まれています。

　やらなくていい仕事をいくら上手に素早くやっても意味がありません。仕事の整理整頓を行うことで本当にやるべき仕事を絞ることができ、「すぐやる」ことが可能になってくるのです。

基本的行動
「仕事の整理整頓」を実行しよう。

ムダは省け、しかし、
準備はしっかりやれ

　「すぐやる」というと、「すぐに手を付ける」「すぐに駆け出す」ことだと誤解している人がいますが、そうではありません。

　「すぐやる」のはスピーディーに成果を上げるためであり、すぐに手を付けたものの途中で何をどうしていいか分からなくなったり、すぐに駆け出したものの少しも成果が上がらないというのでは意味がありません。

　「すぐやる」を習慣にしている金融のプロがこんな事例を挙げていました。

　たとえば、個人客相手に株を売るという仕事を指示された時、普通の人は上司に言われるがままに、目についた家に片っ端から飛び込んだり、片っ端から電話をかけようとします。

　一方、仕事が速く成果を上げる人は、まず高額所得者名簿や土地所有者名簿を手に入れて、そこから買ってくれそうな人を選び出します。あるいは、お客の好みや投資哲学などを調べるといった作業に時間をかけたのち、初めて動き始めます。

　こうした作業はそれなりに時間がかかりますが、そうやってターゲットをしっかりと絞って活動する方が、片っ端から飛び込

むより成果にもつながりやすいし、時間の節約にもなるというのがその人のアドバイスでした。

　仕事は「段取り八分」と言われるように、事前のしっかりとした準備があればその成功はほぼ約束されたものとなります。「株を売れ」と言われて、片っ端から飛び込みを開始する人もたしかに「すぐやる」人ですが、そこには肝心の準備が欠けているため、いくら「すぐやる」を実践しても、成功率が低く、結局は時間がかかることになります。

　成果を求められる以上、「すぐやる」ことも大切ですが、その前には先ほどのような事前の調査のほか、「どうしたら成功率を高めることができるのか」について考え抜き、最も効率の良い組み合わせを考えることはもっと大切になります。

　何かをやる場合、「あとでやる」は論外ですが、準備なしの「すぐやる」もリスクの高いやり方です。「やる」となったなら、すぐに準備に取り掛かり、最も良い方法が見えたならすぐに行動に移すことです。そうすることで初めて成果をより速くより確実に上げることができるのです。

　「すぐやる」ことで成果を上げている人は「段取り上手」でもあります。忙しいとついすぐに仕事に取り掛かりたくなるものですが、ものによってはそれが仕事を遅くする原因ともなりかねません。仕事の内容によって、時に準備やスケジュールに時間をかけることも必要なことなのです。

基本的行動
　準備なしの「すぐやる」はかえって仕事を遅くすることを知れ。

たいていの仕事には
前例がある

　上司や取引先から仕事を依頼されたなら「すぐやる」方がいいというのは多くの人が理解していることです。にもかかわらず、「すぐやる」どころか、「あとでやる」と先延ばしをしてしまうのはなぜでしょうか?

　慣れた仕事や得意な仕事なら「あとでやる」どころか、喜んで「すぐやる」はずですが、つい「あとでやる」になってしまうのは、今までにやったことがない仕事で、どうやってやればいいかが分からないからではないでしょうか。

　上司や取引先から今までやったことのない仕事を「やってみろ」と言われるのは、大きなチャンスです。その意味では「やりたい」し、「すぐやりたい」わけですが、同時に初めての仕事はやり方がよく分からないだけに、「もし失敗したら嫌だな」というリスクへの懸念もあります。

　結果、いろいろと思い悩んでいるうちに前に進むことができなくなり、そんな自分に嫌気がさして、焦りも生じ、そのうちに考えること自体が嫌になって、無意識のうちに「あとでやろう」と先送りすることになるのです。

　このような時にはどうすればいいのでしょうか?

　1人で思い悩んでも答えが出ないなら、同じ仕事をやったことがある先輩や上司、知り合いに聞けばいいのです。ノーベル賞を狙うような仕事ならともかく、「誰もやったことがない」仕事などそうあるものではありません。

　「世界で初めての仕事」を任される経験もそうはありません。会社における仕事のほとんどは「過去に誰かがやったことのある」ものですし、その「誰か」はきっとあなたの周りにいるはずです。

　たいていの仕事には「前例」があるわけですから、同じ仕事をやったことのある先輩などに、どんな手順で進めたのか、どんな点に注意して進めればよいのかといったことを聞くことで、「初めての仕事」は「見通しのつく仕事」に変わります。

　人は慣れない仕事や厄介な仕事ほど先延ばししたくなりますが、それは「分かればすぐにやる」ことができるということでもあります。ある経営者は若い頃、新しい部署に異動したら、その部署の書庫に行き、過去のプロジェクトに関する資料をじっくり読むことで、「初めての仕事」を「知っている仕事」に変えたと言います。少し時間はかかりますが、そうすることでたいていの仕事は「すぐやる」ことができるようになったと言います。

　「どうやってやればいいか分からない」仕事を訳も分からないままに「すぐやる」ほどリスクの高いことはありません。まずは上司や先輩に聞き、過去の資料を読むことで「どうすればいいのかを理解する」ようにします。そうすれば先延ばししたかった仕事も安心して「すぐやる」ことができるようになります。

基本的行動
　初めての仕事に怯えるな、上司や先輩に聞き、資料を調べよう。

小まめな「報連相」が問題発生時の「すぐやる」を可能にする

　仕事をしていれば大なり小なり「問題」は起きるものです。ものづくりの世界に「不良をゼロにしたければ、ものをつくらないのが一番いい」という言い方があるように、問題をゼロにしたければ「何もしない」のが一番です。しかし、仕事をすれば、特に新しいことや難しいことに挑戦すれば、どんなに準備をしたとしても何かしらの問題は起きるものです。

　大事なのは起きた問題をいかに早く解決するかであり、それができるかできないかでその人への評価も大きく変わってきます。

　仕事にしろ、冒険にしろ、リスクを減らすためには、準備計画を緻密に立てなければなりませんが、それが新しいことであればあるほど完全な準備というものは不可能です。なぜなら、新しいことというのは経験のないことですから、必ず「思いもよらないこと」が起こります。

　しかし、人間にできる準備は「思いもよること」だけですから、「思いもよらないこと」への準備は不可能なのです。それでもリスクを小さくするためには、まずは「思いもよること」について万全の準備を行ったうえで、「思いもよらないこと」も起こると覚悟のうえで臨むことが大切なのです。

　もっとも、日常のビジネスの現場では「思いもよらないこと」がそれほどたくさん起きるわけではありません。それ以上に怖いのは「小さな問題」を軽んじて、いつの間にか「大きな問題」となり、対処するのに膨大な労力やコストを必要とするケースです。

　仕事が速い人、仕事のできる人の特徴の１つは、問題が起きた場合も早いうちに手を打つことで問題を大ごとにしないことです。こうした人の場合、問題が起きる前に兆候に気づいたり、問題が起きるとすぐに上司に報告や連絡、相談をしています。

　「まだ問題にはなっていませんが、このままだと問題になるかもしれません」と早い段階で上司に報告すれば、小さな問題にどう対処するか、実際に問題が起きたらどうすればいいのかについて、すぐさま上司のサポートやアドバイスを受けることができます。報連相を「すぐやる」からこそ、問題が起きたとしてもその対策を「すぐやる」ことができるのです。

　反対に悪い情報を上司に伝えることが嫌で、「あとでやろう」と先送りをする人の場合、問題が大きくなって初めて上司の耳に入るため、その段階では上司の手に余るということが起こります。すぐやれば簡単に片付く問題も「あとでやろう」と先延ばしをすれば、とてつもなく大きな問題になってしまうのです。

　仕事の進め方だけでなく、報連相も「すぐやる」を心がけることが大切です。小まめな報連相は部下への信頼を生むだけでなく、厄介な問題の発生を未然に防ぎ、その分、ゆとりある仕事を可能にしてくれるのです。

基本的行動
　問題を未然に防ぎ、素早く対処するために報連相の「すぐやる」を。

「すぐやる」ためには
ほかの人の「段取り」も

　「すぐやる」というと、自分の仕事をいかに速くやるか、いかに成果を上げるかを一生懸命に考えがちですが、実際には「自分1人で完結する」仕事はそうはありません。

　第1章で書いたように、仕事の多くは人から人に手渡されたり、あるいはチームを組んでみんなで一緒にやることがほとんどです。その場合、自分1人が「すぐやる」ではなく「あとでやる」と先延ばししてしまうと、周りの人の仕事も遅れることになってしまいます。これほど迷惑なことはありません。

　たった1人の「数日の遅れ」が最終的には「大きな遅れ」となったり、場合によっては他の人たちが無茶苦茶がんばることで辻褄を合わせることになるのです。では、反対にあなた自身が「すぐやる」を実践している場合はどうでしょうか?

　一緒に仕事をする人たちもあなたと同じように「すぐやる」人ならいいのですが、もしその中に何人か「あとでやる」と先送りをしたり、取り掛かりは早くても仕事のスピードがひどく遅い人がいる場合、あなたが「すぐやる」「速くやる」を実行しようとしてもできなくなってしまいます。

　つまり、あなた自身が「すぐやる」を実践するためには、一緒

に仕事をする人たちも含めて「すぐやる」ための段取りを組むことが必要なのです。

たとえば、企画書をつくるという仕事の場合、必要な資料を他部署に用意してもらったり、作成した企画書を上司などに確認してもらう時、やるべきは他部署に行って必要な資料について「何日までに用意していただけますか？」と確認することです。

もし期日に間に合わなければ、早めてもらうように依頼しなければいけませんし、資料が届いたらどのくらいで自分は企画書を作成できるかを考えたうえで、上司に「○日の○時頃に企画書ができあがるので確認していただけますか？」と事前に伝えておくことが必要になります。

こうした事前の段取りを怠って勝手に自分1人でスケジュールを組んだとすると、資料は届かないし、確認してもらう上司は出張で何日も不在といった混乱が生じることになってしまいます。自分では「すぐやる」つもりでも、周りの事情で仕事ができあがるのはどんどん遅れていくことになります。

一緒に仕事をするメンバーについても同様です。各人に締め切りを伝え、その進捗状況もきちんと把握して初めて、あなた自身の「すぐやる」が可能になるのです。こうした共同作業で大切なのは「何に一番時間がかかるのか」をきちんと調べたうえで、それに合わせて全体のスケジュールを考えるということです。

「すぐやる」ためには「自分だけ」ではなく、周りもしっかりと巻き込んでいくことが何より大切なのです。

基本的行動
「すぐやる」ためには周りの人も含めての段取りを考えよう。

「すぐやる」には「進捗状況の見える化」を忘れるな

　「すぐやる、速くやる、成果を上げる」ためには、自分の仕事の段取りだけではなく、一緒に仕事をする他の人にいつどうやって仕事を依頼するかという、その段取りも含めて考えない限り、仕事のスピードも質も上がることはありません。

　ましてや今日のように仕事が自分の周りだけで完結せず、他の会社や遠く離れた場所で働く人たちにも仕事を依頼するようになると、「依頼した」だけではダメで、その「進捗状況」なども含めてきちんと確認していかないと、「すぐやる」どころかトラブルに巻き込まれることもあるだけに注意が肝要です。

　マッキンゼーのコンサルタントとして辣腕を振るっていた南場智子さんが「一度でいいから自分で考えた事業やサービスが世の中に生み出されて大暴れするまで関わってみたい」と考えるようになったのは30代前半の頃だといいます。

　34歳で日本支社のパートナー（役員）となったほどですから会社を辞めたいなどと思っていたわけではありません。それどころか社内では「やりたいことは何でもできる」ポジションにまで上り詰めていたわけですが、唯一できなかったのが自らが考え抜いた事業戦略を「実行する」ことでした。

　それが株式会社ディー・エヌ・エーを設立した動機でした。最初に手掛けたのがまだ日本に本格的なものが存在していなかったネットオークションの事業ですが、ここで大問題が起きました。

　創業のメンバーはインターネットサービスの仕様書はつくれるものの、自分たちでシステムを組むことはできませんでした。そこで、システム開発を他社に依頼したのですが、明日からテストに臨むという時になって「コードが1行も書かれていない」ことが発覚したのです。南場さんたちはたしかに指示は出していましたが、作業が予定通りに進んでいるかどうかの確認を怠っていたのです。

　南場さんも一度は開発現場を見るために発注先の九州へ行こうとしましたが、先方から「かえって仕事が遅れるのでできれば遠慮してほしい」と言われ、「九州に行かなくて良くなった」とほっとしてしまっていました。1か月前にはヤフーがネットオークションを開始している中での大失態でした。

　ここから見事な立ち直りを見せたことで南場さんと会社は信頼を回復しますが、この時の経験はずっとトラウマになったとも言います。一緒に仕事をする人に仕事を依頼するとき、「依頼したから期日までにできるはず」と安心してしまうと、大きな失敗をすることもあります。トヨタ式に「進捗状況の見える化」という考え方がありますが、「すぐやる」を確実にするためには、一緒に仕事をするすべての人の段取りと「進捗状況の見える化」も不可欠なのです。

基本的行動
　プロジェクトを円滑に進めるには進捗状況の見える化を忘れるな。

翌朝の仕事を「前の日」に準備しておこう

　ここまで見てきたように「すぐやる」ためにはしっかりとした準備や段取りが欠かせませんが、そこまで大掛かりではないものの日々の仕事においてちょっとした準備や習慣を心がけると先延ばしせず「すぐやる」ことができるようになります。

　その1つが「翌朝の仕事を前の日に準備しておく」ことです。準備は2つあります。

1．当日の出社後ではなく前日の退社前に「ToDoリスト」を書いておく。

2．リストに合わせて、できるだけ翌日の用意をしておく。

　1日のスケジュールはたいていの人が頭に入っていますし、「明日、出社したら何からやるか」ということもほぼ決まっているかと思いますが、それを「頭の中」だけに留めるか、それとも「紙に書く」かでは大きな違いがあります。

　紙に「明日、何をどのような順番でやっていくか」を書くことで頭が整理されますし、そのためにはどんな準備が必要かもはっきりと見えてきます。

　さらにそのリストを元に、翌日の朝一番で行う仕事については

できるだけ用意をしてから帰宅します。商談に備え書類をプリントアウトしたり、説明する順番に書類を並べたりします。翌日の作業をイメージしながら、こうした準備をしておけば、翌朝、出社してから「今日は何をしよう」と考える必要もありませんし、「今日の資料は何だっけ」と迷うこともなくなります。

　ただし、ここで大切なのは「完璧」を目指す必要はないということです。現実には「ToDoリスト」通りにものごとが進むわけではありませんし、準備漏れもあるかもしれませんが、それでも「前日に準備をして」おけば、翌日、余裕を持って仕事に臨むことができてストレスなく仕事をスタートさせることができます。

　前日のほんのちょっとした準備が翌日の「すぐやる」を可能にしてくれるのです。

　同じやり方を早朝ランニングに応用している人もいます。その人は毎朝6時に起きてランニングすることを習慣にしていますが、仕事で疲れた時やお酒を飲んだ時など、以前は「今日は走りたくないな」と思うと、やめてしまうことがよくありました。

　そこで、ある時からどんなに疲れていても夜のうちに玄関にトレーニングウェアを一式用意して寝るようにしたところ、朝起きてそれを目にした瞬間に「今日も走るか」と思えるようになったと言います。朝、疲れているとエンジンがかからず、仕事などもつい先延ばししてしまう人は、前日に準備をしておくことです。それだけで「すぐやる」スイッチは入りやすくなるのです。

基本的行動
　前日に翌朝の準備をしておこう。すぐにスタートできる。

気乗りしない時はとにかく「5分だけ」やってみよう

　人が成功するためには「良き習慣」が必要になりますが、「良き習慣」を身につけるためには、日々の積み重ねが大切になります。

　名選手にして名監督だった野村克也さんによると、一流と呼ばれる結果を残した人たちは、努力を続けていくための習慣を身につけているといいます。

　たとえば、野球選手にとって素振りはとても大切な練習の1つですが、素振り自体は単純で決して楽しいものではありません。そのため、普通の選手は「今日は疲れたからやめておくか」「面倒だし、昨日やったから今日はいいや」とさぼるのに対し、一流と呼ばれる選手はどんなに気乗りしなくてもやらない日はないといいます。

　ちょっとしたコツがあります。仮に毎日、1時間素振りをするとして、疲れている時は「とりあえず5分だけやってくるか」とバットを持って素振りを始めます。すると、最初は「面倒だなぁ」と思っていたにもかかわらず、いつの間にか夢中になり、気がつくと1時間を超えることも珍しくはないというのです。

　人間というのは不思議なもので、「今日は疲れているから

ちょっとだけにしよう」とイヤイヤ始めたとしても、一度始めてしまうと、ついついいつものように続けてしまう傾向があります。そしてこの「小事」の積み重ねこそがやがて大きな成果となって花開くことになるのです。

　仕事にも同じことが言えます。たとえば目の前に最低でも２時間はかかる仕事があるとすると、「時間もかかるし、手間もかかるなぁ」とつい「あとでやろう」と先延ばししそうになりますが、そんな時には「とりあえず10分だけやってみるか」と手をつけてみることです。

　すると、思っていたほど厄介ではないなということに気づいて、10分でやめるはずが、勢いで続けることができて、気がつくと２時間の仕事が終わっていたということもあるのです。

　あるいは、経費の精算など細かな雑用がいくつも溜まっている時なども、「10個のうちとりあえず２つだけやってみよう」と手を付けます。すると、最初の１個、２個が片付いたことで上昇気流に乗り、他の８個も片付けることができます。

　「すぐやる」ができない理由の１つは最初の一歩への面倒くささです。疲れている時の素振りと同じで厄介そうな仕事や細々とした仕事はつい「明日でいいか」と先延ばししがちですが、そこを「10分だけやるか」「２個だけやるか」と実際にやってみると、何となく夢中になり、気がつけば最後までやり切ってしまうということがよくあります。

　先延ばししたくなったら「少しだけ」と自分に言い聞かせて「すぐに」やってみればいいのです。

基本的行動
　先延ばししたくなったら「少しだけ」「すぐに」やってみよう。

仕事は納得してから
スタートしよう

　仕事における「やり直し」ほど疲れるものはありません。

　上司の指示を受けて、「これはすぐやらなければ」と「すぐに」取り掛かり、しっかりと時間をかけて完成させたにもかかわらず、「えっ、これ違っているよ」の一言ですべてが水の泡になるのですから、まさに心が折れそうになる瞬間と言えます。

　一体、やり直しの原因はどこにあるのでしょうか？

　1つは上司（お客様）に確固たる考えがなく、提出したものに対して「こうじゃないんだよなぁ。もう一回やって」と言われるものの、「こうして欲しい」という明確な指示がないケースです。

　そしてもう1つは、上司（お客様）にはフォーマットに対する確固たる考えがあるにもかかわらず、コミュニケーションの不足や伝え方の問題からその意図が伝わらず、部下が上司の意に反するものをつくってしまうケースです。

　1つめのケースは誰しもしばしば経験することです。上司（お客様）はできあがったものに対して批評することはできても、「こうして欲しい」という明確な意思がないため、時に何度もやり直しを経験することになります。

　この場合、仕事を始める前に時間をかけて「意を汲む」ほかは

ありませんが、それでも「できたものを見ないと判断できない」
以上、やり直しを完全に避けるのは困難です。

　1つめのやり直しが少し厄介なのに対し、2つめのやり直しは
原因がはっきりしています。「仕事を始める前」や「仕事途中で
の報連相」などをしっかりと行うことで避けることは可能です。

　こう見てくると、上司やお客様から仕事の依頼を受けた時、早
合点して「すぐやる」ことほどリスクの高いものはありません。
たしかに上司からの仕事は先送りせず、すぐやるように心がけた
いものですが、すぐやる前には少しの時間を取って「上司に質問
する機会を持ちたいものです。

　大切なのは「仕事の目的」と「求められる質」の確認です。

　たとえば、上司から「競合他社の営業利益を一覧表にまとめ
て」と言われた時、手元に経常利益のデータがあるとすれば、
「営業利益のデータを調べるのは時間がかかりますが、似たもの
で経常利益のデータはあります。こちらではどうでしょうか」と
質問すれば、「それでいいよ」となるかもしれません。

　あるいは、「新製品の企画書を急いでつくって」と言われた時
にはすぐに取り掛かるのではなく、「新製品企画の狙いはどこに
あるのでしょうか」などを質問したうえで取り掛かる方が、何も
聞かずにすぐやるよりもはるかに効率的です。

　仕事は「すぐにやる」ことも大切ですが、その前に「納得がい
くまで質問する」時間をとることでより良い成果につなげること
ができるのです。

基本的行動
　「すぐやる」前に上司に質問をして「納得」してから始めよう。

大きな仕事を小さく
分割してやってみよう

　010でも書きましたが、「成果を上げる者は、時間が制約要因であることを知っている」はピーター・ドラッカーの言葉です。ビジネスにおける最大のボトルネックが「時間」である以上、成果を上げるためには「時間」からスタートする必要があります。

　ドラッカーはこう言っています。

1. 何に時間をとられているかを分析する。
2. 時間を奪う非生産的な要求を退ける。
3. そうやって生まれた時間をまとめる。

　つまり、成果を上げるためには「ムダ」を省き、「まとまった時間」を確保することが必要だと言うのがドラッカーの主張です。たしかにドラッカーの言うように「ムダな仕事」は排除しなければなりませんし、可能な限り「まとまった時間」をつくり、そこで集中して仕事をすることが「すぐやる、速くやる」うえでは不可欠になります。

　とはいえ、現実のビジネスにおいてはまとまった時間を確保して、「今日は企画書づくりに集中しよう」とスタートしても、途

中でさまざまな用事が入り込み、思うように進まないということもしばしばです。

このようなケースではどうすればいいのでしょうか？

理想はノーベル物理学賞を受賞した中村修二さんのように「電話にも会議にも出席せずひたすら研究に専念する」ことですが、それが難しい以上、効果的なのは「大きな仕事を小さく分割して、それぞれの仕事を短時間でやっていく」というやり方です。

たとえば、締め切りが1週間後だとすれば、仕事を5等分して、毎日、5分の1ずつ進めていきます。少しずつではあっても日々、ゴールに近づいているという実感も持てるだけに効果的な方法と言えます。

あるいは、企画書をつくるという仕事を「大枠のアイデアを考える」「資料を集める」「図表を作成する」といったプロセスごとに分解して、それぞれを空いた時間の中でこなしていきます。

時間のかかる難しい仕事も、プロセスごとに分解すれば、比較的簡単にできるものと、腰を据えてやらなければならないものに分かれますから、簡単なものはすき間時間で行い、厄介なものは少しまとまった時間をつくって取り組むようにすれば、大きなまとまった時間はとれなくても、個々の仕事は「すぐやる」ことができるのです。

仕事を先延ばしする人がよく口にするのが「時間がなくて」という言い訳です。まとまった時間がとれないのなら、仕事を分解して少しずつの時間で「すぐやる」を実践すればいいのです。

基本的行動
大きな仕事も分割すればすぐにやることができる。

プレマックの原理

好きな仕事・得意な仕事と
嫌いな仕事を組み合わせる

　誰にでも長所と短所があるように、仕事に関しても好きな仕事や得意な仕事の一方には、嫌いな仕事や苦手な仕事があるものです。ホンダの創業者・本田宗一郎さんは天才的なエンジニアだけに技術に関する数字はどんな細かいものでもすぐに覚えることができましたが、お金に関することは大の苦手でした。

　そのため苦手な営業や経理については藤沢武夫さんという盟友にすべて任せることでホンダを世界的企業へと育てることができましたが、同様にほとんどの人がこうした仕事の得手不得手をもっているのではないでしょうか。

　たとえば、商談では抜群の能力を発揮するのに、見積書をつくったり経費の精算が苦手でいつも後回しにして経理などから催促をされる人がいます。あるいは、対面で話をすることは得意なのに、テレワークでメールやチャットを使って会話をするとなると、文章がうまく書けないという人もいます。

　こうした人の場合、苦手なことはどうしても先延ばしにしてしまいます。それでもどうしてもやらなければならないからと、苦手な仕事を一気に片付けようと、まとまった時間をとって作業に取り掛かるものの、元々が嫌な仕事だけにちっとも能率が上がら

ず、つい余計なことに手を出してただ時間だけが過ぎていくというのもよくあることです。

　好きな仕事や得意な仕事はすぐに取り掛かることができるし、たとえ何時間やってもちっとも疲れないのに対し、苦手な仕事や嫌いな仕事というのは取り掛かるのも時間がかかるし、時間をかけた割にはちっとも効率が上がらないというのが一般的です。

　こうした問題を解決するためによく使われているのが、デイヴィッド・プレマックが提唱した「プレマックの原理」です。簡単に言うと、「やりたい行動・自発的な行動」を後回しにして、「やりたくない行動・義務的な行動」を先行させることで、やりたくない行動を積極的にやらせることができるというものです。

　たとえば、大好きなゲームをやらせる前に、学校の宿題という本来はやりたくないことをやらせると、子どもは大好きなゲームをやるためにがんばって宿題をやるようになるという考え方です。仕事にも同じことが言えます。

　優先順位が同じような仕事を複数抱えている場合、嫌いな仕事から手をつけて、次に好きな仕事、その次に嫌いな仕事と交互に組み合わせることが、嫌いな仕事を「すぐやる」ための仕組みです。ここでは1日の最後に好きな仕事を持ってきます。

　苦手な仕事や嫌いな仕事は先送りして溜まってしまうと、ますますやる気が失せていきます。嫌いな仕事はなるべく小分けにして、好きな仕事の間に細かく挟んで処理していくようにすれば、嫌いな仕事も苦にせず「すぐやる」が可能になるのです。

基本的行動
　嫌な仕事は小分けして好きな仕事の間に挟んで処理しよう。

先送りしがちな人は
「仮の締め切り」を設けよう

　人は面倒な仕事を前にするとつい先延ばしをする傾向があります。夏休みの宿題を先送りした挙句に最後の数日になって家族の力までも借りながら慌ててやるというのは、昔からマンガなどで散々描かれてきたことですが、仕事においても「明日も明後日もある」と思えば、ついつい「あとでやろう」になってしまうのは人間の性とも言えます。

　先延ばしの結果がどうなるかは誰もが知ることです。子ども時代、夏休みの計画を立てる時にはいつだって「毎日、コツコツ」と宿題をこなして、あとで慌てなくてもいいようにするわけですが、「今日は無理だから、明日からやろう」「今日は急に家族で出かけることになった。今日は楽しんで明日からがんばろう」と先送りをするうちに計画は無惨にも崩壊してしまいます。

　ところが、こうした先送り癖のある人も「明日は締め切りだ」「夏休みは残り３日しかない」というギリギリのところに追い込まれると、俄然やる気になって何とか期日に間に合わせようとするから不思議です。脳科学の専門家によると、「人間は、追い込まれた時に、最高のパフォーマンスを発揮できるように設計されている」と言いますから、ギリギリの緊張感や不安の中でこそ人

は「あとでやろう」ではなく「すぐやろう」になることができるのでしょうか。

「すぐやる」を習慣にしている人によると、最も効果的なやり方の１つは、「本当の締め切りの前に仮の締め切りを設けて上司（お客様）と約束する」というものです。

第１章で「締め切りより早く」のメリットについて書きましたが、こうしたメリットを理解してはいても実際には締め切りの何日も前に仕事を終わらせることができる人はほとんどいません。

ほとんどの人にとって締め切りは「明日も明後日もある」という余裕につながり、締め切りギリギリに追い込まれないと本気で取り組めないというのが本当のところです。とはいえ、ギリギリの仕事がいつも間に合えばいいのですが、現実には他の仕事や用事が入ってきて、不完全な状態で上司に提出するという恐れもあります。

そうならないためにはたとえば10日が締め切りとすれば、８日に仮の締め切りを設け、上司やお客様に「本来の締め切りは10日ですが、８日までにおおまかなものをつくっておきますので、この日に一度見ていただけませんでしょうか」と約束をするのです。こうすれば締め切りギリギリになることもありませんし、問題があってもよりよく修正して締め切り日には万全のものを提出することができます。

先送り癖のある人は、締め切りの前に仮の締め切りを設けるようにしましょう。それだけで仕事は確実に速くなっていくのです。

基本的行動
締め切りの前に仮の締め切りを設けて上司と約束しよう。

標準時間を知り、
そこから逆算しよう

　「すぐやる」人になるためには、「時間」を意識することが大切になります。仕事を先送りするとか、仕事が遅い、あるいは残業が多いといった人の中には、自分の労働時間や標準時間を把握できていない人が少なくありません。

　生産現場の仕事は1つの作業を何分何秒でやるかという標準時間が決まっていますが、間接部門の仕事の場合、同じ資料づくりを依頼したとしても、要領よく短時間で仕上げる人もいれば、長い時間がかかる人もいます。同じ仕事でも個人差があるというのは仕方のないことですが、問題は「資料づくりに何分かかるか」を把握できていない人がいるということです。

　「すぐやる、速くやる」人は、「この資料なら何分ぐらいでできるな」という標準時間が把握できているので、他の仕事との兼ね合いや締め切りなどを勘案して「じゃあ、何時何分頃に始めれば何時には終わるな」と計算して仕事に取り掛かることができますが、標準時間を把握していない人に限って「あとでやろう」と先送りした挙句に締め切りに間に合わず、残業をしてしまうということになりがちです。

　これでは効率の良い仕事はできませんし、残業などが減ること

84

もありません。仕事の効率を上げるためには、作業時間の見積もりをしたうえで取り掛かるのが基本です。そしてそのためには、「この仕事にはこのくらいの時間がかかる」という標準時間をあらかじめ知っておくことが必要になります。

　過去の経験などから「この仕事なら20分」といった標準時間を割り出し、常にその範囲で終わらせるように努力することで仕事は速くなるし、締め切りに遅れるとか、長時間残業をするといったことも防ぐことができるようになります。

　もし「自分の仕事の標準時間なんか分からないよ」という人はどの仕事にどれくらいの時間をかけているかを知るために紙に記録してみてはいかがでしょうか。

　たとえば、朝一番にメールの処理を始めたとしたら、何件のメールを処理するのに何時何分までかかったのかを記録します。書類の作成や経費の精算、商談や会議、移動時間などもすべて「何時何分」と細かく記録します。

　このような記録をしばらく続けていると、自分の仕事の標準時間が分かるようになり、仕事のスケジュールを組みやすくなるだけでなく、たとえば「メールに時間をかけ過ぎているな」「商談の時間より移動時間の方が多いなぁ」といった時間の使い方にも気づくことができます。

　自分の標準時間を知れば、終了時間も予測できるようになります。結果的に「すぐやる」「あとでやる」も正しく選択できるようになるのです。

基本的行動
　「標準作業」を意識して仕事に取り組むようにしよう。

「すぐやる」ためには
「断る」ことも必要だ

　仕事を頼まれた時、「断る」ことができないままに何でも引き受けてしまう人がいます。

　もちろん時間的にも能力的にも余裕があればいいのですが、明らかにオーバーワークになるなという時でも引き受けてしまうのは問題です。仕事を断ることができない人には理由があります。

1. 「断ったら相手が困るかもしれない」という相手への思いやりから。
2. 「断ったら嫌われるんじゃないか、2度と依頼がなくなるんじゃないか」という不安。
3. 「来る仕事は全部引き受けたいという」という一生懸命さ。

　あるいは、「やってあげたいけど、今、忙しくて時間がないしどうしようか」などと断ろうかどうしようか迷っているうちに、あとになって「できません」とは言えなくなり、最終的に引き受けざるを得なくなる人もいるかもしれません。

　いずれにしても「断る」ことができないというのは、本人の不安が大きいからで、実際はあなたが断ったとしても、相手にはほ

かの選択肢がまったくないということは滅多にありません。「余人を持って代えがたい」ほどの仕事はそうはありません。

そう考えると、手に余るほどの仕事を引き受けて、すべてが後手に回って締め切りに間に合わないといった事態にならないためには、どうしても無理な仕事は「すぐに」断る方が相手にとっても親切というものです。

早めにダメと分かれば、すぐほかの人にあたることもできますし、別の方法を考えることもできます。あるいは、あなた自身も「今週は無理ですが、来週でよければやらせてください」といった代案を提示することで仕事が成立することもあります。

「すぐやる」人になるためには、日ごろから「ムダ」を排除することが大切なように、時間的にも能力的にも厳しい仕事は「断る」ことも必要です。断ることができず、あれもこれもと引き受けてしまう人は、いつもスケジュールがパンパンで、結局、すべてが遅れることになりがちです。

これでは締め切りより早めに仕事を仕上げることもできませんし、本当のチャンスが訪れた時、スケジュールを変更してチャンスをつかむこともできなくなってしまいます。「世界一の投資家」ウォーレン・バフェットがビル・ゲイツに贈ったアドバイスの中で最も役に立ったものの１つが「本当に重要なことだけ選んで、それ以外は『ノー』と断ることも大切だよ」です。

「断る」からこそ、人は本当に大切なことを「すぐやる」ことができるのです。

基本的行動
「すぐやる」ためにも時には「断る」ことも覚えよう。

「すきま時間」はこう使う

　仕事はある程度スケジュールを決めて進めたとしても、日々、たくさんの「すきま時間」が生じてきます。

　たとえば、移動のための車の中や電車の中などは、それなりの時間があるのに、その間は落ち着いた仕事はできないということがあります。

　こうした時間をどのように活用するかも仕事のスピードを上げ、質を高めるうえでとても大切になります。

　『人を動かす』や『道は開ける』といった著書で知られるアメリカの「自己啓発の大家」デール・カーネギーは、「無計画に時間を費やしていては何事も達成できない」として、限られた時間を有効に活用するための4つのルールを提唱しています。

1．仕事の計画をつくる。毎時間にやるべきことを表にして、1日を始めてみる。できれば15分ごとに区切ってやってみる。
2．困難な目標を設定して、現在の2倍の成果を上げられるよう自ら負荷を課してみる。
3．表をつくって、現在1時間ごとにどのようなことをしているかを発見する。

4．すきま時間を、たとえ1分なりとも有効に活用する。

　カーネギーは1900年代前半に活躍した人だけに当時はパソコンもスマホもありません。本も紙の本しかなかった時代ですが、そんな中、カーネギーは外出するときは本を何ページか破ってポケットに入れ、ちょっとしたすきま時間にそのページに目を通すなど徹底したすきま時間の活用に努めています。

　その結果、当初は無名の貧乏講師で教材にも事欠くありさまでしたが、1916年には有名なカーネギー・ホールを受講者でいっぱいにするほどの人気のスピーチ講師となっています。ウォーレン・バフェットもカーネギーのスピーチの講座を受講、「生涯で最も役に立ったものの1つ」と称賛しています。

　カーネギーの例を見るまでもなく、無数に生じるすきま時間を「暇だなぁ」とスマホを開いて時間を過ごすか、その間を利用してちょっとした仕事をこなしたり、本や雑誌に目を通すか。そんなすきま時間の使い方1つで仕事の量も質も大きく変わってきます。

　すきま時間を有効に活用するためには、たとえば前述したように「大きな仕事を小さな仕事に分割」しておけば、15分の時間で1つの仕事を終えることもできますし、本なども電子書籍であれば紙の本と違って、「あっ、あの本を読みたいな」と思えばすぐに読むことも可能です。

　すきま時間をうまく活用すれば、仕事もスムーズに進むし、時間にゆとりも生まれてくるのです。

基本的行動
　すきま時間はわずかであっても有効に活用しよう。

メールとはこう付き合う

　仕事を「すぐやる」うえでメールというのは便利ではあっても
なかなか厄介な存在です。当初、メールは電話に比べて随分と便
利に感じたものです。電話をかけたからといって相手が必ずつか
まるわけではありませんし、忙しい相手に電話をかけるとそれだ
けで嫌がられることもあります。

　同様に自分が忙しくしている時、電話が突然かかってきて、多
くの時間を奪われるのは「すぐやる、速くやる」人にとってこれ
ほど迷惑なものはありません。その点、メールは時間を気にする
ことなく送ることができるし、受ける側も自分の空いた時間に読
むことができるという点で重宝がられたものですが、１日に来る
メールの数があまりに増えてくると、その処理もなかなかに大変
です。

　さらに厄介なのはこう考える人が少なくないことです。

「メールの返信が速い人は仕事も速い」

　たしかにそう考える理由はあります。

　メールの返信が速い人は、「すぐに返信しようが、遅く返信し
ようが内容は変わらない」と考えますし、たとえば打ち合わせの
お礼のメールなどが相手から先に来たら「お礼ではなく、お礼の

返事になる」と考えます。

こう考える人もいます。

「メールにすぐに返信すれば、『はい、了解です』で済んでしまうものも、返信が遅れてしまうとその前に『返信が遅れて申し訳ありません』と弁解の言葉などを入れる必要があり、かえって時間がかかることになる」

メールに対する誠意は、丁寧な文面以上に「即時性」にあり、返信が速ければ孫正義さんではありませんが、「○」と「×」でも十分に役割を果たすことになります。

これほどに多くの人が「メールの返信が速い人は仕事も速い」と考え、実際に「速い返信」を心がけている以上、メールの処理に関しては時間さえ許せば「すぐやる」が基本になります。もちろん来るたびに都度返信するわけにはいきませんから、ある程度まとめて処理することになりますが、その際は「新しいものから処理する」というのが良いようです。

新しいものから処理すれば、相手は「返信が速い」と感じてくれますし、古いものはどんなに急いでも既に時間はかかっていることになるからです。

こうした努力をしたうえで心がけたいのが、必要のない営業メールなどは明確に断ることと、雑談の多いメールやビジネスチャットに無理に付き合わないことです。これらを実行することであなたの時間を奪うメールを送ってくる人は徐々に減ってくるはずです。

基本的行動
メールの基本は即返信。どうでもいいメールを減らしていこう。

「すぐやる」人は
「他人の時間」も大切にする

　「すぐやる」ためには、自分の時間を大切に、自分が努力することももちろん大切ですが、同時に仕事はたくさんの人の協力があって成立するものだけに、周りの人たちの時間も大切にして、周りの人の「すぐやる」の力になることも大切なことです。

　時間を節約しようとする人は、時間をどう使うかを懸命に考えています。ですから、自分の時間も大事にするし、他の人の時間も大事にします。

　たとえば、038でも触れましたが、たいしたことのないちょっとした用事で電話をかけるというのは、相手の都合を無視した、相手の時間を奪う行為として慎重にならなければなりません。

　もちろんなかには謝罪や誤解を解くといったメールだと伝えにくい用件もありますから、その場合は電話を使うことも必要ですが、そうでない場合には相手の都合を考えて極力メールにするべきでしょう。その場合も相手の都合の良い時間、邪魔をしない時間にかけるのがマナーと言えます。

　あるいは、約束の時間に遅れそうな時、どのタイミングで連絡をするのかも大事な心配りです。基本は「遅れることが分かったらすぐに連絡をする」ことです。

　なかには9時に待ち合わせをして遅れそうな場合、「とにかくギリギリまでがんばって、ダメなら連絡しよう」と5分前になって「すみません、20分くらい遅れます」と連絡をしてくる人もいます。「とにかく急いで行こうと焦っていたので電話をする時間がもったいなかった」という気持ちがあったとしても、たとえ5分、10分の遅れであっても遅れる可能性があるならすぐに連絡してほしいというのが待っている側の本音です。

　そのうえでがんばって走るなどしてギリギリ間に合ったとか、2〜3分の遅れなら待っていた方も「がんばったね」と感心するはずです。たとえ待ち合わせに遅れたとしても早めの連絡なら相手も「遅いなぁ」と心配する必要もありませんし、その間、近くの喫茶店などでちょっとした仕事くらいはできるかもしれません。待ち合わせに遅れても、連絡1つで相手の時間を奪うケースと、奪わないケースがあるのです。

　資料を見てもらいたい時など、相手にすぐやって欲しいのなら、できるだけ簡潔にまとめるとか、「10分くらいで見ていただけると思います」と一言加えるのも1つの方法です。先送りしたくなるのは「この仕事は長くかかりそうだなぁ」とか、「面倒そうだなぁ」と感じる時です。反対に「このくらいの時間で」と書いてあれば、「すぐやる」ことができるのです。

　自分の時間だけでなく相手の時間も大切にしてこそ、「すぐやる」はスムーズに回っていくのです。

基本的行動
　相手の時間をムダにせず、相手の時間を大切にしよう。

仕事のやり方を
日々改善していこう

　ここまで「すぐやる」人になるための段取り術をまとめてきました。たとえば、自分の仕事における標準時間を知ることで仕事の計画を立てやすくなりますし、締め切りに遅れることなく仕事を終えることができるようになるわけですが、ここで大切なのは標準時間は一度決めれば終わりではなく、改善を重ねることで短くしていこうという姿勢です。

　たとえば、ある仕事に2時間かかるとして、いつまでも2時間のままというのでは進歩がありません。もちろん仕事は慣れることによってより速く、より良くできるようになりますが、それとは別に「この仕事のやり方のどこかにムダはないか?」「もっと良いやり方はないか?」と考え、改善をしていくことで2時間かかるところを30分縮めたり、40分縮めたりできるようになるのです。

　あるいは、最初に「制約を課す」というやり方もあります。たとえば、ある仕事に6人の人間が関わり、6時間かけてやっているとすると、「今は6人でやっているけれども、何とか3人でできないものだろうか?」「今は6時間かかっているが、何とか半分の3時間でやる方法はないだろうか?」と考えます。

　上司から「人数を減らせ」「もっと速く」と言われているわけ
ではありません。自分たちなりに今の仕事のやり方に対して「制
約」を課し、「もっと良いやり方は？」と考えてみようというこ
とです。

　トヨタ式に「困らなければ知恵は出ない」という言い方があり
ます。

　人間は少々間違ったやり方をしていたとしても、自分が困らな
ければ「何とかしよう」とは考えないものです。そんな時には
「半分の人数で」「半分の時間で」といった制約を課し、自分たち
を「困った状況」に置いてみます。

　お金もあり、人もいて、時間もたっぷりあるといったすべてが
揃った状態では案外創造力は発揮できないものですが、人はお金
もなければ人もいない、時間も足りないといった「ないないづく
し」の制約の中でこそ創造力を発揮します。

　仕事で求められるのはもちろん「速さ」だけではありません
が、今の自分の仕事のやり方について「これでいい」と満足する
のではなく、「より速く、より良く」を求めて、時にムダを省き、
時に少しの制約を課して改善を続けるというのはとても大切なこ
とです。

　競馬の騎手の武豊さんは若い頃、「昨日の自分より上手に乗り
たい」と話していましたが、仕事においても「昨日よりもっと上
手にやりたい」と考えてみてはいかがでしょうか。そんな積み重
ねの日々を通して仕事のスピードも上がり、成果も上がるように
なってくるのです。

基本的行動
　「昨日より今日、今日より明日」と仕事のやり方を改善しよう。

第3章

「すぐやる」人の
習慣術

041 危険な「なる早」

すべての仕事に
「期日」を入れよう

　最近の若い人は使わないかと思いますが、何年か前まではよく使われていたため、今でも中高年の人が部下や取引先に使うことがあるのが「なる早」という言葉です。

　「なるべく早く」という意味ですが、この言葉を「すぐやる」と似たようなものだと考えると大きな勘違いをすることになります。理由はこうです。

1. 「なる早」は仕事を依頼する側が使えば、「可能な限り早くやってね」という意味ですし、依頼される側が使えば「可能な限り早く対応します」という意味になりますが、問題は「何日何時まで」といった期限が入っていないため、「いつが締め切りか」という最も肝心な点が曖昧になることです。「すぐやる」「速くやる」と決めたはずが、実は決まっていないのが「なる早」という言い方です。

2. 期限がきちんと決まっていないため、「いつまでにやるか」は個人の主観や能力に左右されるのが「なる早」という言葉です。依頼する側は「今日、すぐにでも」と思っていたとしても、依頼される側は「可能な範囲で早くやってね」くらい

に理解して、仕事を先送りした結果、案外時間がかかるということがよくあります。

このように期日の入っていない、個人の主観に左右される言葉を使ってしまうと、「すぐやる」はかえって遠のくことになるだけに注意が肝要です。

では、自分も含め、部下などの仕事のやり方を「すぐやる」にしていくためにはどうすれば良いのでしょうか?

ポイントは自分の仕事も含め、人に仕事を依頼するときには、「なるべく早くお願いします」とか、「来週の初めくらいに何とか」といった曖昧な期限を伝えるのではなく、はっきりと「○月○日の○時まで」という締め切り日を設定することです。

もしどうしてもその日までにはできないとすれば、依頼された側は事情を説明して延期すればいいわけですが、その際も「もう2〜3日」といった曖昧な言い方をせず、ここでもはっきりと「○月○日○時」と新たな締め切り日を設定します。

大切なのは仕事をするにあたっては、「誰が何をする」だけではなく、「誰が何をいつまでにする」と期限まで決めることです。人は期限の曖昧な仕事はつい後回しにする傾向があります。反対に「これは絶対に締め切りに遅れられない」という意識があれば、すぐにやろうとしますし、全力で取り組もうとするものです。

これは自分の仕事にも言えることで、すべての仕事に「期日」を入れることで初めて人は「すぐやる」人になることができるのです。

基本的行動
「期日」のない仕事は先送りする。すべての仕事に「締め切り日」を。

仕事に必要以上の
時間をかけるな

　「すぐやる」人になるためには、可能な限りムダを排除したり、捨てる仕事をやらない、時にははっきりと「ノー」と言うことが必要になりますが、同時に仕事の質に関しても必要以上に時間をかけないことも大切になります。

　GE伝説のCEOジャック・ウェルチは長い伝統を誇る巨大企業にありがちな分厚い書類、多すぎる書類、複雑な書類を嫌い常にこう言い続けていました。

　「1ページ以内にまとめろ。立派な本にする必要はない」

　「企画書のことなど顧客はまったく知らない。スライドに映すグラフの準備に何週間かけようと、市場は気にもとめないだろう。外に出かけて商売をしてこい」

　GEのような巨大組織では、書類は複雑になりがちです。どの部署の誰からチェックされてもいいように、あれもこれもと詰め込むからです。言わば、書類が飾り立てられ、分厚い鎧をまとうわけです。

　さらに長々としたプレゼンテーションや、分厚い書類を互いに見せ合う会議など、ムダな儀式が多すぎることを疑問視し、よりスピーディーな会社へと変身させようと、書類を飾り立てること

にムダな時間を使うのではなく、豊かな言葉を使って討議すること、会議室よりも外に出ていくことを提唱したのです。

　ウェルチがこう檄を飛ばしたのは今から30年も前のことですが、今でも同じことを続けている企業やビジネスパーソンはいないでしょうか？

　たとえば、書類を作成するとき、あらゆる技を駆使して、その見栄えを良くすることに熱心な人はいないでしょうか？

　外部の人に見せるものなら、たしかに多少見栄えの良さは必要かもしれませんが、自分の上司に提出する書類にまで見栄えの良さを求めるのはやり過ぎです。

　もちろんごく普通の書類をつくるのとまったく変わらない時間でできるのならともかく、そこに余計な時間がかかるとすれば、それは単なる自己満足であり、「一生懸命やっている」つもりでも、「実は時間を浪費している」ことになるのです。

　トヨタ式で有名な「A3一枚に書類をまとめる」というやり方がありますが、最近ではあえて書式に従って書類を作成せずとも、急ぎの時には走り書きのメモをLINEで送って判断を仰ぐことがあるほど、形式よりもスピードをトヨタは重視しています。

　大切なのは「何が書いてあるか」であり、その「美しさや形式」は関係ありません。必要のない仕事に時間をかけ過ぎると、必要な仕事を「すぐやる」ことができなくなります。必要なことをすぐに速くやってこそ「すぐやる人」になることができるのです。

基本的行動
　仕事に必要ないほどの時間をかけて時間を浪費するな。

制約こそが知恵を生む

「残業はしない」と
決めてみよう

　仕事にはイレギュラーや、予定外がつきものです。前の日から翌日の予定を書きだして、朝から順調に仕事をこなしていったとしても、途中、予定外のことが起きるのはごく普通のことです。

　取引先からの電話やメールによって予定外の時間をとられることもあれば、会議や打ち合わせが予定より長引くこともあります。あるいは、上司からの「これ、今日中に頼むよ」という突然の指示も入ってきます。

　そんな時、1日の予定を見直して優先順位などを組み替えることができればいいのですが、ほとんどの人は「予定外」を引きずったままずるずると終業時間が延びていくことになります。

　なぜなのでしょうか？

　そこには「仕事は終業時間までに終わらせる」というよりも、「残業」を前提として、「まあ、今日中に終わればいいか」という甘えや、「残業はやって当然」という意識があるからです。

　上司の突然の指示も含めて、上司も部下も「3時間くらい残業すればいいや」という甘えがあると、どうしても時間の管理も甘くなり、3時間や4時間の残業は当たり前になってしまいます。

　最近でこそあまり見かけなくなりましたが、以前は就業時間中

はあまり仕事もせず、ぶらぶらとしていたのに、終業時間が近づくと、「よし、今日もがんばって残業するか」となぜか張り切るおじさんたちがいたものです。

　こうしたおじさんたちにとっての仕事時間は「残業時間込み」であり、毎日、2〜3時間の残業をして、「今日も1日がんばった」という満足感と共に家路に着くというのが当たり前になっていました。

　こうした人たちが「すぐやる人」になることはありません。むしろ「あとでやる」を連発するからこそ、終業時間にもやるべき仕事が残っていて、残業をする力もたっぷりとあるのです。

　「すぐやる人」になるためには、まずは「残業は当たり前」という考え方を捨て、「残業はしない」と決めることが必要になります。仕事に限ったことではありませんが、今、手がけていることを何が何でも「5時まで」に終わらせなければならない時と、「8時か9時、ダメなら明日でも」という気持ちでやるのでは取り組み方も覚悟も大きく違ってきます。

　これまでと同様にだらだらと残業をしたいならともかく、「すぐやる」人になりたいのなら、「残業はしない」と決めてみてはいかがでしょうか。誰もが経験あることが「締め切り日」が近づくと、自然と人はがんばるようになりますが、「残業をしない」と決めれば、たとえば毎日「5時に帰る」という締め切りを意識しながら仕事をすることになります。制約こそが知恵を生み効率につながるのです。

基本的行動
　残業をせず、終業時間を仕事の「締め切り日」と考えよう。

1日だけでも「残業しない」を経験してみよう

　仕事を先送りせず、「すぐやる、速くやる」人になるためには、すべての仕事に「締め切り日」を設けることが効果的です。そのうえでさらに効果的なのは「残業をしない」と決めて日々の仕事に取り組むことです。

　ところが、こう言うと「たくさんの仕事を抱えているのに残業なしでこなせるはずがない」とか、「結局は自宅に持ち帰って仕事をすることになる」といった反対意見を口にする人が少なくありません。

　たしかに「残業が当たり前」の人にとって、「残業なし」は考えられないことですし、やる前から「できるはずがない」と言いたくなる気持ちもよく分かりますが、そうした人たちに聞きたいのは次の質問です。

　「できない、無理だと言うけれど、それは経験に裏打ちされた言葉なのか？」

　未来工業という会社をご存じでしょうか？　山田昭男さんが1965年に創業した会社で電設資材では高いシェアを誇る上場企

業です。同社は「日本で一番労働時間が短く、残業ゼロ、20日近い正月休み」などでも知られる会社です。

こうした同社のホワイト企業的なやり方に対し、中堅中小企業の経営者からは「未来工業さんはそれでいい。うちなんか、同じことをしたらすぐお客さんに逃げられるよ」といった反発の声も多かったと言います。

そんな時、山田さんは「実際にやってみて逃げられたことはあるのか？」と問いかけました。すると、全員がやったこともないし、逃げられたこともないにもかかわらず、「うちではできない」と言っていたのです。

つまり、自分たちと違うやり方に対し、ほとんどの人は「やろうともせず、やってみもしない」で、「それは無理、できっこない」と決めつける傾向があるのです。これでは「今のやり方」を変えていくことなどできるはずがありません。

「残業をしない」ことで成果を上げている企業やビジネスパーソンがいる以上、やる前から「できっこない」と言うのではなく、１日だけでも「残業をしない」を実践してみてはいかがでしょうか。会社としては残業を当たり前としていても、週に一度くらいは「残業なし」と決めて、限られた時間の中で目一杯仕事をしてみれば、これまでとは違って仕事のやり方を考えるし、その良さも実感できるはずです。

本を読んだり、人の話を聞いて、「いいな」と思ったら、「すぐやる」ことも「すぐやる人」になるためには必要なことなのです。

基本的行動
やる前から「できない」ではなく、１日だけでもやってみよう。

明日のことは考えず、今日やるべき仕事に集中する

　メールを読みながら「すぐやる」ではなく、「あとでやる」と先延ばしすることのデメリットについては既に触れました。「資料を送ってください」というメールを読んだものの、資料を送ることを先延ばししていると、「資料を送る」ことがいつまでも「やるべきこと」として残ることになります。

　「至急連絡をください」なども同様ですが、やるべきことを先延ばししてしまうと、それらの仕事が積み残しとしていつまでも気になり、時折、「あの人に資料を送らないと」とか、「あの人に返事をしないとなぁ」と徐々に重荷になってきます。こうした状態を脱するためには、「やり残した仕事」を早急に片付けるとともに、「やり残し」をつくらないように「すぐやる」を習慣にすることが何より大切になります。

　やり残した仕事が重荷になるように、「これからやらなければならない仕事」が多すぎるとやはり重荷となってきます。これから数週間の間にやらなければいけない仕事を抱えていると、つい「あれもやらなきゃ、これもやらなきゃ」と気持ちばかりが焦って、何もしていないにもかかわらずなぜか疲れ切ってしまい、肝心の仕事に手がつかなくなることがあります。

　そんな時にはピーター・ドラッカーのこんな言葉を思い出してみましょう。

　「成果を上げる人は、最も重要なことから始め、しかも一度に１つのことしかしない」

　日々の仕事では必ずしも優先順位にこだわる必要はありませんが、ポイントは「一度にできるのは１つだけ」という事実です。これから先どれだけたくさんの仕事を抱えていたとしても、今この瞬間にできるのは「１つだけ」ですし、それを仕上げることで初めて「次の１つ」に取り掛かることができるのです。

　だとすれば、この先のたくさんの仕事のことを考えて頭を煩わせたり、多すぎる仕事に圧倒されるのではなく、「今やることは何か」「今日中にやることは何か」を考え、その１つひとつをすぐやっていくことが何より大切なのです。

　仕事の中には何日もかかるものもありますが、それらも１日ごとにばらしていけば、今日やることはその１日分だけです。仕事の山を前に「あれもこれも」となったら、「今日やるべき仕事」だけを取り出すようにします。

　トヨタ式に「昨日のことは考えるな、明日のことも考えるな」という言い方がありますが、これは「今日のことだけを考え、今日やることに全力を尽くせ」という意味です。仕事量は多くとも、今日に全力を尽くすことで着実にその量は減っていくのです。

基本的行動
　仕事量に圧倒されず、今日やる仕事を選び集中しよう。

悩むくらいなら
「まずやってみよう」

　たとえば取引先に連絡をする前に、「電話にしようかメールにしようか」「何から言えばいいんだろう」「もしノーと言われたらどうしよう」などとあれこれ思い悩んで肝心の一歩を踏み出せないという経験をしたことはないでしょうか。

　人は仕事をしながら、いろんなことを考えたり悩んだりしています。1日の予定を考えながら、「今日はどの仕事から手をつけようか」と考えます。メールの返信の文章がうまく書けず、最初の出だしを何度も何度も書き直します。取引先への連絡をメールでやるか電話でやるか、電話なら何時ころにかければいいのかで悩みます。仕事でちょっとした問題が起きており、それを上司に報告したものかどうかで迷います。

　いずれもよくある悩みであり迷いと言えますが、仕事の遅い人というのはそこで必要以上に考え込んだあげく、「あぁ、決まらないからあとにしよう」と先延ばししてしまうこともあるのです。考えることは大切ですが、その結果として何もしなければ、その時間はただの「ムダ」であり、「時間の浪費」となってしまいます。そしてその分、仕事は遅くなっていきます。

　トヨタ式を実践しているある企業の工場でこんなことがありました。若い社員のBさんが上司からある工程の改善をするように指示されました。

　Bさんは問題の原因を調べ、いくつもの案を考えて、「これでいこう」と決めましたが、なかなか実行することができませんでした。「本当にこれでいいのか、やって失敗したらどうしよう」という迷いからのためらいでした。

　そんなBさんを見ていた上司はこう言いました。

　「お前が何かやったからといって、今より悪くなることはないんだから、あれこれ悩まずにすぐにやれ」

　何とも乱暴な言い方に聞こえますが、Bさんが悩んでいる間も生産現場の仕事は進みます。Bさんの改善が遅れれば、それだけ現場の人たちも困ることになります。いくつものアイデアを出し、「これでいこう」と決めたなら、まずはやってみることです。もちろんうまくいかないこともあるかもしれませんが、その時はまた「すぐに」改善をすればいいのです。

　仕事は選択の連続だけに悩むこともありますが、悩んで何もしないのでは意味がありません。仕事の優先順位に迷うなら片っ端からやっていけばいいだけです。メールか電話で迷ったら電話をかけてみて、いなければすぐにメールをすればいいのです。悩んで何もしないくらいなら、悩む前に行動を起こすことです。それが「すぐやる、速くやる」への近道なのです。

基本的行動
　悩んで進めないのなら、悩むよりもまず行動を起こせ。

与えられた時間は「7掛け」で考えよう

　仕事を「すぐやる人」と、「あとでやる人」の違いは「時間感覚」にあります。上司から仕事を指示され、締め切りが1週間後となった時、「あとでやる人」は「まだ1週間ある」と余裕を持って先送りしますが、「すぐやる人」は「自分に与えられた時間はどのくらいか」を計算します。

　1週間といっても、5日勤務、残業なしで計算すると与えられた時間は「7時間×5日＝35時間」です。そのうち既に予定の入っている仕事などを差し引いていくと案外時間は少なくなるはずです。

　仮に10時間あったとします。あとでやる人は「10時間もあれば大丈夫」と考えますが、そこに間違いが生じます。計算上は10時間あったとしても、それを100%使えるかどうかは難しいというのが現実です。

　日々仕事をしていれば、突然の来客もあれば、上司や取引先からの呼び出しもあるかもしれませんし、社内外の電話によって時間をとられることもあります。会議や商談が予定より長引くというのもあり得ることですし、自分自身、体調がすぐれない日もあれば、家族のために何かしなければならないかもしれません。

　こうしたことを考えると仕事の指示を受けた時にはあったはずの「10時間」はあっという間に目減りしていきます。

　役職や仕事の内容によっても違ってきますが、あったはずの10時間は7時間になったり、極端な場合は「5時間もない」と慌てることになるかもしれません。上司や取引先などから仕事の指示を受けた時には、こうした「与えられた時間はどんどん目減りしていく」という考え方で臨むことが大切なのです。

　そしてこの「残された時間」の中で指示された仕事を絶対に完成させなければならないわけですから、考えられるのは2つの選択肢です。

　1つは足りない時間を「残業」で埋めていくやり方ですが、本章でも触れたように「間に合わなければ残業すればいい」と考えているうちは「すぐやる」人になることはできません。

　そこでもう1つ、「すぐやる」人になるためには、「残された時間」の中でいかにやり遂げるかを考えると同時に、自分から時間を奪っていく「ムダなもの」をできるだけ排除して少しでも時間を確保することが必要になります。

　手間のかかる仕事の指示を受けたなら締め切り日から逆算して自分にはどのくらいの時間があるのかを計算します。さらにその時間に対して、これまでの経験から実際に使えるのは「7掛け」なのか、「5掛け」なのかを考えます。そうすれば「あとでやろう」と先送りしたとしてもそれほどの時間はないことが分かります。「使える時間を知る」ことが「すぐやろう」を可能にするのです。

基本的行動
　時間はあっても「使える時間」は案外少ないことを知ろう。

始めと途中にしっかり聞く

「すぐやる」は「思い込み」に注意しよう

　上司から仕事を指示されて、「すぐやろう」とスタートしたものの、できあがった書類などが「こういうことじゃないんだよね」と突き返されてしまうというミスをすることがよくあります。

　こうした「すぐやる」のミスを防ぐためには最初の「納得」が必要だというのは第2章で触れたとおりですが、相手が上司ではなく「お客様」の場合、「きっとこういうことだろう」といった「思い込み」や「自分はプロだからお客様の言いたいことはよく分かっている」という「分かっているつもり」も「すぐやる」のミスを引き起こすことになります。

　トヨタ式を導入することで注文住宅の工期短縮やコストダウンに成功したハウスメーカーC社が次に取り組んだのは受注から着工の段階で起きる「お客様との行き違い」の改善でした。一生の買い物である家を買う以上、お客様には「こんな家に住みたい」「自分の部屋はこうしたい」というたくさんの希望があります。

　C社の営業社員はこうしたお客様の希望を聞いたうえで設計に反映し、建設に取り掛かるわけですが、いざ設計図ができあがってみると、お客様から「こうじゃないんだよなぁ」「なんかイ

メージと違うなぁ」というやり直しの声がいつも上がり、何度も設計をやり直してから着工にこぎ着けることがしばしばでした。

　やり直しにはコストもかかりますし、何度もやり直しをしているとお客様も設計の人間も嫌になってきます。最初の「家を買おう」というお客様の喜びも徐々に冷めてしまいます。

　「何とかしなければ」と原因を調べたところ、設計前のヒアリングが徹底しておらず、お客様の希望を営業社員がきちんと把握しないままに「時間に追われて」急いで仕事を進めていることが分かりました。

　そこでC社は、ヒアリングには家族全員にアンケートを記入してもらい、個別に話を聞き、さらにヒアリングをベースに営業社員がイラスト風の設計図を作成、それを見ながら再度家族みんなの意見を聞くようにしました。時間はかかったとしても、この段階の「みんなの理解と納得」を得て、そこから設計、建設へと移ることにしたのです。

　こうした改善の結果、C社での設計のやり直しは格段に減り、お客様の満足度も向上することになったのです。上司の意向をたしかめることなく、「多分こういうことだろう」でスタートすると、たいていやり直しになるように、お客様のニーズや意向をきちんと把握しないままに仕事を進めると、お客様に迷惑をかけることになります。

　仕事では「すぐやる」は武器になりますが、同時に「①仕事を始める前にしっかりと聞く　②仕事の途中でもしっかり聞く」を実践してこそやり直しのない「すぐやる」が可能になるのです。

基本的行動
　「すぐやる」には仕事始めと途中の「確認」を忘れずに。

「朝令暮改」を恐れるな

　「すぐやる」ができない人の中には、立ち上がりが遅かったり、仕事をやること自体が面倒くさいといった理由で先延ばしをする「グズな人」もいますが、反対に仕事に取り掛かる以上は完璧を期したいからと準備や計画に時間をかけ過ぎる人もいます。

　もちろん「すぐやる」というのは、何の考えもなしにとにかく仕事に取り掛かるということではありません。「どうすれば最も効率の良いやり方ができるのか」を考えたうえで、「こうしよう」と決めたならすぐに取り掛かるのが正しい「すぐやる」です。

　とはいえ、ここで「絶対に失敗しないように」「絶対に問題が起きないように」と完璧な計画を立てようとするあまり時間をかけ過ぎるのは賢明なやり方とは言えません。理由を吉越浩一郎さんがこう話しています。

　「今の社会は変化が激しい。『慎重に検討』している間にも、川の状況は次々と変わっていく。すぐに飛び込めば渡れたものが、1時間後に『飛び込もう』と決めた時には増水で流れが急になり、渡れなくなっていることもあるだろう」

　つまり、同じ「渡るために川に飛び込もう」という決定でも、「すぐに」飛び込めばできたことが、「でも、本当に大丈夫か」「も

し溺れたらどうしよう」などと１時間２時間と時間をかけて検討しているうちに状況が変わって、「渡れたはずのものが渡れなくなる」というのが今という時代です。ましてや「よし、明日飛び込もう」と先延ばししてしまうと、天気の急変で「不可能」になるのです。

このように今の時代、「時間をかけ過ぎる」ことはリスクになりかねません。「すぐやる」ためには計画や段取りは大切になりますが、完璧なものができるまで実行を「先延ばし」する必要はありません。ある程度の段取りができたなら、「すぐやる」とスタートをします。そのうえで途中で問題が起きたり、予定外のことがあったなら、計画を変更すればいいのです。

完璧な計画を立てようとする人がしばしば陥るのが、一旦計画を立てた以上、何があっても「計画通り」に実行しようとすることです。計画を立てた時点と状況が変わっているにもかかわらず、「計画通り」にものごとを進めようとすると必ず問題が起こり、目標を達成することは困難になってしまいます。

状況が変わったなら躊躇なく計画を変えます。「朝令暮改」はしばしば良くない意味で使われますが、今の時代、「朝令暮改」どころか「朝礼昼改」でも遅すぎるのです。

大切なのは「目標を達成する」ことであり、「計画通りに実行する」ことではありません。「すぐやる」ためには完璧な計画にこだわることなく、「朝令暮改」を恐れないことも大切なのです。

基本的行動
計画通りにこだわるな、こだわるべきは目標達成である。

「途中で打ち切る」ことを
気にするな

　ある程度時間のかかる仕事をやるためには「まとまった時間」があることが理想です。最低でも3時間はかかる仕事であれば、他のスケジュールを調整しながら3時間という「塊り」を確保したくなりますが、現実にはやらなければならない仕事がたくさんあるうえに、当日、急に上司から指示されることもあります。

　結果、「今日はまとまった時間があるので、これをやろう」と決めていたとしても、「今日は時間がとれないから次の機会にするか」と先延ばししてしまうことになります。これではまとまった時間をとるためにかなりの残業をするか、土日などを利用して仕事をするしかありません。

　別項で触れましたが、まとまった仕事をいくつかのパートに分けることができれば、たとえば15分、20分といったすきま時間を活用しながら進めていくこともできますが、最低でも2時間、3時間かかるにもかかわらず、次の予定まで30分しかないという時にはどうすればいいのでしょうか。

　このような場合、「時間が足りないから」と先送りして、あとでまとまった時間を確保してやろうとするのが普通ですが、せっかく目の前に「30分」という時間がある場合には、思い切って

時間のかかる仕事を「すぐやる」のも1つの方法です。

　「そんなことをしたら途中でやめなければならなくなるよ」という声もあるかと思いますが、「あえて途中でやめる」というのも悪いことばかりではありません。

　心理学に「ツァイガルニク効果」と呼ばれるものがあります。

　「人は達成できなかった事柄や中断した事柄の方を、達成できた事柄よりもよく覚えている」ようで、連続テレビドラマなどが「この先どうなる」というところで終わった方が、1話完結的なものよりも印象に残るし、次を見たくなるというのです。

　同様に仕事においても、たとえ順調に進んでいたとしても「時間」で打ち切っておくと、その意識はしっかりと記憶に残り、次に再開するときも比較的スムーズに始めることができるというのがツァイガルニク効果です。

　2、3時間かかる仕事を「20分だけ時間がとれたからちょっとやっておこう」というのは「中途半端になるのでは」ということから躊躇しがちですが、たとえ20分でも手をつけておけば、厄介なはずの仕事の難易度が少し下がり、次の課題も見えるなど良い効果をもたらすこともあるのです。

　私自身、「時間が足りないなぁ」と分かっているにもかかわらず、少しだけ原稿を書き進めておくと、次に取り掛かる時スムーズにいくという経験をしばしばしています。時間があるのなら、途中での中断を気にせず、ちょっとだけでも「すぐやる」ことです。それが以後の仕事をスムーズに進める助けともなるのです。

基本的行動
　中断を恐れず「すぐやる」ことでスムーズな仕事が可能になる。

足りないのは「時間」ではなく「知恵」や「工夫」だと考えよう

　トヨタの工場で働く管理職数人がトヨタのOBと食事をした時のことです。まだコロナ禍の前のとても忙しい時期だけに現役の社員からは一様に「毎日、とても忙しくて人も時間も足りませんよ」という嬉しさの混じった愚痴が聞かれました。

　愚痴というよりは「自分たちはがんばっていますよ」という誇らしい気持ちもあったのかもしれません。ところが、その言葉を聞いたOBたちは「がんばれよ」と励ましたり、「がんばっているな」と褒めるのではなくこう言いました。

　「足りないのは人でも時間でもなくお前たちの知恵じゃないのか」

　人が足りないからと安易に人を増やせば、景気が悪くなった時に人を辞めさせなければなりません。時間が足りないからと残業をさせていると「働き方改革」に逆行することになります。人も時間も足りないという事実があるにしても、安易に人を増やしたり、残業をさせるのではなく、知恵を使ってもっと効率の良い働き方を考えよう、というのがトヨタ式の考え方です。

　日々仕事をしながら「時間がない」「時間がいくらあっても足

りない」と嘆いているビジネスパーソンは少なくありません。結果、長時間残業を行い、休日出勤などもするわけですが、そんな人たちが抱えている仕事の量は、本当にそれほどの時間をかけなければこなすことができないものなのでしょうか？

実は「時間が足りない」と嘆く一方で、「残業さえすれば」と考え、すぐにやれば片付くような仕事まで「あとでやろう」「落ち着いたらやろう」と先送りをして、時間を浪費しているのではないでしょうか。

本当に「時間がない」のなら、ムダな仕事はなくそうと努力するし、「もっと効率の良いやり方はないか」と日々、仕事のやり方を工夫するはずですが、そこまで真剣に「時間がない」という問題の解決に取り組む人は少ないように感じます。

これではいつまでたっても時間は足りないし、人も足りないままです。「仕事が多くて残業をせざるを得ない」のではなく、「残業をすればいい」「休日出勤をすればいい」と思っていては、「時間が足りない」問題を解決することはできません。

問題を根本的に解決するためには時に視点を変えることも必要になります。厳しい言い方になりますが、足りないのは「時間」ではなく、「知恵」や「工夫」だと考えるようにしましょう。

そう考えることで初めて今まで当たり前と思っていた仕事のやり方を見直すことができるし、溜まっている仕事を安易に先送りするのではなく「すぐやる、速くやる」方法を考えるようになるのです。

基本的行動
時間の不足を嘆かず、工夫の足りなさを嘆こう。

052 見て、聞いて、実践する

「すぐやる」人の
仕事のやり方に学ぼう

　会社やチームで仕事をすることのメリットの1つが、すぐれた仕事のやり方をする人からたくさんのことが学べることです。仕事のやり方は最初は上司や先輩に教えられて学んでいくものですが、徐々に自分なりに「もっとこうしたらどうだろう」などと工夫をしながら身につけていきます。

　さらに本などを読んだり、講演などを聞いて学ぶこともできますが、最も良いのは一緒に仕事をしている人が、たとえばすぐれた営業成績を上げていたり、仕事をすぐに速くやる人だとすると、そのやり方を見て学ぶことです。

　もっとも、なかにはすぐれた営業成績を上げる同僚を見て、「あの人は天才だから」と特別視することで学ぼうとしない人もいます。仕事ができるできないは才能で決まり、天才のやることなど自分には真似できないという考え方ですが、実際にその人の仕事のやり方を見てみるとたしかに才能はあったとしても、案外地道なこと、当たり前のことをコツコツと徹底的にやっているということがよくあります。

　もし自分の近くに「あの人って、こんなに速く資料をつくれるのか」「あの人はどうしてほとんど残業もしないのにあれだけの

仕事をこなせるのだろう」という人がいたら、是非とも話を聞いたり、よく観察することでその人の仕事の進め方から学ぶようにしましょう。

　ある経営者は若い頃、先輩が上司から資料の作成などを依頼されると、自分も同じ依頼を受けたものとして資料の作成に挑戦しました。そして先輩が上司に資料を提出した後、先輩に頼んで資料を見せてもらい、自分のつくったものと比べて「何がすぐれているのか、自分には何が足りないのか」を調べたと言います。

　そんなことを繰り返しているうちに徐々に先輩に負けない書類をつくることができるようになり、自分が上司から同じような仕事を依頼されるようになった時には、かなりのスピードで質の高いものをつくることができるようになったと言います。日々、先輩を見ながら努力を続けた結果でした。

　「すぐやる、速くやる」ための方法はいくつもあります。「すぐやる人」になりたいのなら、「すぐやる、速くやる」を実践している人の話を聞いたり、見て学ぶことで、自分に最も合うやり方を身につけていくことです。

　大切なのは「話を聞くだけ」「本を読むだけ」ではなく、「いいな」と思ったことは「すぐやってみる」ことです。

　ある企業が何か素晴らしい成果を上げると、それを見学に訪れる企業はたくさんありますが、実践する企業は驚くほど少ないと言われています。どんなすぐれた仕事のやり方も実践して身につけて初めて武器となるのです。

基本的行動
　「すぐやる人」の仕事のやり方に学び身につけていこう。

「集中タイム」を設けよう

　新型コロナウィルスの感染拡大に伴って2020年4月に全国的に緊急事態宣言が出されたことで、多くの人がテレワークを経験することになりました。それ以前からテレワークを試みていた会社は比較的スムーズに移行できたものの、「すべてが初めて」の会社の場合は準備が追い付かず苦労をしたケースも多いようですが、テレワークを経験することでこれまで当たり前と思っていた仕事のやり方に関するさまざまな気づきも生まれています。

　多かったのは通勤の苦痛から解放されたことへの喜びのほか、オフィスでの会議や打ち合わせ、突然の来客や電話などが大幅に減ったことで就業時間中の「仕事をする時間」が増え、「集中できる時間」が増えたことへの驚きでした。

　もちろんテレワークをする環境は人によって違いますから、リビングで夫婦2人が同時に仕事をするそばで子どもが遊びまわるといった大変さを感じた人もいますが、それでもテレワークが浮き彫りにしたのはオフィスでの仕事がいかに「集中」から遠いものであり、いかに「多くの時間」を仕事以外のことに浪費しているかでした。

　仕事には「集中」と「コミュニケーション」の2つが必要にな

ります。なかでも「集中」は大切で、オフィスでも就業時間のうちの何時間か何にも邪魔されずに集中できれば、仕事は今よりも確実に「すぐやる、速くやる」が可能になるはずです。

吉越浩一郎さんはトリンプの社長時代、午後の2時間を「がんばるタイム」と定め、その間は電話や会話、立ち上がることさえ禁止して、社員はひたすら仕事に集中することにしていました。

すると、終わった時には社員は頭がパンパンになって、何も考えられなくなります。もちろん仕事は圧倒的にはかどりますが、それほどに集中して働くと残業をする必要もなければ、その余力もなくなると言います。

つまり、日々の仕事の中に本当に集中できる時間をとることができれば、「すぐやる、速くやる」も可能になるし、残業などしなくてもかなりの仕事量をこなすことができるのです。実際、最近ではオフィスを「コミュニケーションをとる空間」と「集中する空間」に分ける会社も増えています。集中する空間には電話もなく、社員の間はパーテーションに仕切られているため会話にも電話にも邪魔されることなく仕事に集中することができます。

オフィスを勝手につくりかえることはできませんが、仕事を「すぐやる、速くやる」ためには自分にとっての集中する時間、集中する空間をつくり上げることも大切なことです。時に会議室やシェアオフィスに移動する、外部の電話には出ないといった「誰にも邪魔されない時間」を確保することも考えていいのではないでしょうか。

基本的行動
週に何時間かは「誰にも邪魔されない時間」を確保しよう。

「すぐやる」からこそ
興味を持って取り組める

　印象に残る映画を見た時、その直後には誰でもその感想を熱く語ることができますが、1日2日と経つうちに徐々に感激は薄れ、ストーリーの内容についても記憶が曖昧になってくるものです。何かをするなら「すぐやる」が最も効果的なのです。

　トヨタの若い社員Dさんが上司から指示されてあるセミナーに参加しました。Dさんはその内容にとても感銘を受けたようで、翌朝、上司のところに「昨日は素晴らしいセミナーに参加させていただきありがとうございました。大変勉強になりました」と勇んで報告に来ました。

　すると、上司はDさんにこう言いました。

　「勉強になったなら良かった。そんなに良かったのなら、そのうちの何をすぐに実行して、何を今後の課題にするかを今日中にレポートにまとめて、できるものからすぐに実行しなさい。そしてその結果がどうかを後日報告しなさい」

　セミナーに出席させてもらったことのお礼を上司に伝えるのはごく普通のことです。当日のレポートを提出するのもよくあることですが、レポートを「すぐに」提出するだけでなく、良かったことを「すぐに」実行しろと指示されたり、やった結果を報告し

ろと言われるのは珍しいのではないでしょうか。

とはいえ、単にセミナーに参加して「良かったな」で終わっては何の意味もありません。良かったことを「すぐに」まとめ、良かったことを「すぐに」実行してこそ、セミナーへの参加が意味を持つというのがトヨタ式の考え方でした。

「鉄は熱いうちに打て」ではありませんが、セミナーなどに参加した当初の「勉強になった」「参考になった」という感激があるうちに「すぐに」まとめるからこそレポートは役に立つものになるし、「すぐに」実行に踏み切るからこそ本気で取り組むことができるのです。

どんな良い内容も日にちを開けてしまうとその感激は薄れ、「何を聞いたのか」「何に感激したのか」さえぼんやりとしたものになっていくのです。

第1章でも触れたことですが、会議の議事録や出張のレポートなどは記憶の薄れないうちに「すぐに」作成する方が時間のムダにもなりませんし、内容を正しく伝えることができます。もしそこまでの時間がとれないなら、その日のうちに走り書き程度のメモくらいは作成しておきます。

出張から帰ったばかりの時はどうしても溜まった仕事に忙殺され、出張のレポートや経費の精算はつい「あとでやろう」と先延ばししてしまう傾向があります。それを防ぐためにも記憶のたしかなうちに「すぐにやる」習慣を持ちたいものです。

基本的行動
仕事を終えたら記憶のたしかなうちに「記録」に残そう。

余裕があるなら「前倒し」で やっておこう

　10日後に締め切りの来る「半日程度でできる仕事」を依頼された時、依頼されたその日にたまたま「半日程度の時間」が空いていたとしても、その日にやる人は滅多にいません。

　ほとんどの人は「今、時間があるから」と10日後の仕事をすぐにやることはなく、そこでは何か別の仕事をやるか、「今日は少しゆっくりしよう」と若干の休みを入れるのではないでしょうか。

　こうした「よくあるやり方」に対して、「仕事は先送りをせず熱いうちに打て」と言う人がいます。理由は「時間的に余裕があるからといって仕事を『宿題』にしてしまうと、そのクオリティは必ず落ちるから」だといいます。

　仕事というのは、上司から指示された時が最も頭に内容が入っており、興味を持って進めることができるためそれほど時間をかけることなく仕上げることができます。ところが、「締め切りは10日後だから」と締め切りの前日まで実行を延ばしてしまうと、仕事への興味も薄れ、上司の指示もうろ覚えになって、「えーと、何をどうやれって言われたんだっけ」と思い出す時間も必要になり、やる気も薄れ、仕事の質も低下するというのです。

本来、時間的余裕があれば、それだけ仕事の質も上がるはずですが、「あとでやろう」とギリギリまで先送りする人の場合、かえって質の低下につながってしまうのです。

たしかに上司にとっても指示した直後であれば、その内容をよく覚えていますし、「先ほどの仕事についてですが」と質問されたとしてもすぐに答えることができます。一方、締め切り直前の、指示から9日目になって「明日が締め切りの仕事の件ですが」と質問されたとしても、「はるか前のこと」であり、記憶もあやふやなうえ、部下に対してこう感じるはずです。

「なんで締め切り間近になって質問してくるんだ。一体、今日まで何をやっていたんだ」

上司の評価を落としたうえ、締め切りギリギリの仕事にミスがあったとしたら、修正する時間もないため仕事への評価も落とすことになってしまいます。

こうした失敗を防ぐためにも、時間に余裕があるのなら、仕事は指示されたらできるだけ早く「すぐやる」ことがベストです。「締め切りはまだ先だから」とやる時間があるにもかかわらず、先延ばしをしていると、指示の内容もあやふやになり、やり直しの時間もなくなってミスの多い、クオリティの低い仕事になりがちです。

すきま時間の活用もそうですが、少しでも時間的余裕があるのなら、「まだ締め切りは先だから」「提出期限には余裕があるから」などと余計なことは考えず、目の前の仕事を「すぐに」「片っ端から」片付けることを習慣にすることが大切なのです。

基本的行動
締め切りに関係なく、今できるなら「すぐに」やるを習慣に。

テンプレートを用意しておこう

　仕事で使う文章を都度、一からつくるというのは大変な作業です。社内向けの文書であれ、お客様向けの文書であれ、必要事項を漏れなく入れたうえ、相手に失礼のないように文章を考えるというのは案外と時間のかかる作業です。

　簡単なメールの返信でさえ文章を書くこと自体が苦手な人にとっては厄介な作業であり、つい「あとでやろう」と先延ばししたあげくに返信のタイミングを失してしまうということもよくあります。

　このようなケースで文章の作成を「すぐやる、速くやる」ためにやっておきたいのが文案や書式のテンプレート化です。私も会社員だった頃は社内向け、お客様向けと毎日のようにたくさんの文書を作成していましたが、まったくの白紙状態から文章を考えることはほとんどありませんでした。

　当時は今と違ってパソコンなどもそれほど普及していなかったため、テンプレートとして利用したのは市販されていたさまざまな文章のつくり方マニュアルです。そこには行事ごと、季節ごと、相手ごとにたくさんの文章が掲載されており、それらを参考にしながら適宜アレンジすることで、できるだけ短時間で文書を

作成するようにしていました。

　やがて自分の作成した文書が増えてくれば、次にはそれらがテンプレートとして機能するため、文書の作成スピードはより速くなっていきます。一からつくる文章には時間をかけますが、定型の文章に関しては「すぐやる、速くやる」ができるようにすることが各種文書の作成に時間をかけない秘訣です。

　今の時代であればテンプレート化ははるかに簡単にできます。メール文や連絡文なども参考にできるテンプレートがあれば、都度、アレンジをしながら作成するだけですから、テキストを打つ時間も短縮できますし、必要事項の記載漏れというミスも防ぐことができます。

　よくあることですが、一からメール文などを作成すると、たとえば待ち合わせの場所や時間などの「抜け漏れ」が起きることもあり、結局は２度３度とメールの往復をする必要が出て、相手にも余計な時間を使わせることになります。

　第２章でも触れましたが、会社での仕事というのは「初めて」のものは少なく、たいていのものには「前例」があります。その前例を学ぶことで、自分にとっては初めての仕事であっても、効率の良いやり方を学んだり、失敗を未然に防ぐことができるように、メールなどの作成についても前例を学び、参考にすることで作成に要する時間は大幅に短縮できますし、ミスも最小限に抑えることができるのです。やがて気がつけば苦手だった文書の作成も苦ではなくなるはずです。

基本的行動
　文書はテンプレート化でミスなく速く作成できるようにしよう。

100点を狙うな、60点でよい。ともかく進めよう

　たいていの人に苦手な仕事や、できればやりたくない仕事があるものですが、それでも上司に指示されれば「イヤ」とは言えません。

　たとえば、アポイントの電話をかけるのが苦手な人は少なくありませんが、その理由の多くは「断られるのが怖い」からです。面識のある相手に電話をかけるならともかく、上司に渡されたリストなどを元に片っ端から電話をかけて商品を勧めるとか、訪問の約束をするというのは慣れない人にとってはかなりハードルの高い仕事と言えます。

　相手が電話に出なければそれはそれでいいのですが、電話に出た相手から断られたり、怒られたりするとどうしても気が滅入ってきます。電話をかけながら、「断られたら嫌だなぁ」「怒られたらどうしよう」などと思い悩んでしまうと、いくら上司からの指示であっても電話をかけることはできなくなってしまいます。

　結果を気にするあまりの先送りです。一方、難なく電話をかけられる人は「結果」よりも「電話をかける」こと自体に集中することで結果を気にせず電話をかけることができます。どんなに気をもんだとしてもアポイントの成功率が簡単に上がることはあり

ません。何百件と電話をかけて何人かの人と話ができて、そのうちのわずかの人とアポイントをとれれば上出来なのですから、求められるのは「結果を気にせず電話をかける」ことであり、「電話をかけなければ何も始まらない」という気持ちの切り替えです。

　テレアポに限らず、仕事をするうえで気をつけたいことの1つは結果を気にするあまり最初の一歩を踏み出せなくなることです。トヨタ式でよく言われるのが次の言葉です。
　「100点を狙うな、60点でよい。ともかく進めよう」
　改善などを行う時、最初から100点満点を目指すと、あれこれ考えすぎて肝心の実行が遅くなってしまいます。もちろん最初から100点とか90点という高い点をとることができればいいのですが、現実には「やってみなければ分からない」こともたくさんあります。どんなに入念に準備したとしても、いざ実行してみると問題が起きるというのはよくあることです。
　それよりもギリギリ合格点の60点でいいので「まずやってみる」を優先し、そこで問題が起きたなら修正を繰り返すことで最後に100点になればいいというのがトヨタ式の考え方です。もちろん「結果はどうでもいい」ということではありませんが、結果を気にしすぎて何もできなくなってしまっては意味がありません。「すぐやる」ためには結果にとらわれすぎず、「うまくいかなかったらまた考えればいい、修正していけばいい」と言い聞かせることも大切なのです。

基本的行動
　結果を気にせず、まずは第一歩を踏み出そう。

やり残した仕事をいつまでも放っておかず順次片付ける

　たとえとしてはあまり好ましいものではありませんが、個人でも企業経営者でも借金や資金繰りに追われると肝心のやるべきことが疎かになることがあります。仕事も同様で、依頼された仕事や期限の過ぎた仕事などをそのままにしていると、そのことばかりが気になって今やるべき仕事に集中できなくなることがあります。

　たとえば、上司に頼まれた仕事を「あとでやろう」と先送りするうちについやるのを忘れてしまったり、お客様に依頼された資料を「後日送ります」と言ったものの忙しくて後回しになって気がつくとずいぶん日にちが経っているということがあります。このような時、上司やお客様が「忘れて」くれていればいいのですが、実は催促をしないだけでしっかり覚えているとなると厄介です。

　後日、上司から「あの件はどうなった」と言われたり、お客様から「資料がいつまで待っても届かないんだけど」などと言われるようでは、ビジネスパーソンとしては失格です。もし普段から「上司から頼まれていた仕事があったなぁ」とか、「お客様に送る資料があったなぁ」と思い出すことがあるとすれば、こうした

「やり残した仕事」は既に遅れているとはいえ、すぐに片づけることが必要です。

　もしあなたがやり残した仕事をため込んでいるとしたら、今やるべき仕事の流れを正常にするために、まずはやり残した仕事を片づける必要があります。やり残した仕事は時間を奪うだけでなく、精神的な負担ともなるだけに、相手が忘れてくれることを期待するのではなく次々と片づけるようにしましょう。

　やり方は次の通りです。

１．締め切りを過ぎたり、不備だったり、未処理のまま放ってある仕事の内容をはっきりさせる。

２．最初に片づけるべきものを優先する。

３．１日に最低１つはやり残した仕事を片づける。

４．なぜやり残したままになったのかの原因をはっきりさせる。

５．今後はやり残しが発生しないように対策を講じる。

　やり残した仕事が片づけば、気になっていたこともなくなるだけに、気持ちも晴れやかに「今やるべき仕事」に集中できるようになります。

　そして今後は１日のスケジュールを立て、その日の終わりに「やり残した仕事」を必ず記録して、翌日ないしはできるだけ早いうちに片づけるようにします。「すぐやる」人になるためには、「すぐやる」を妨げるものをなくす必要があります。やり残した仕事はいつまでも放っておかず、「やらない」という決断も含めて順次片付けていくことが何より大切なのです。

基本的行動
　やり残した仕事は「気にする」のではなく「順次片づけ」よう。

仕事は「すぐやれ」、
しかしギリギリまで粘れ

　仕事で「すぐやる」習慣を身につけるためには、すべての仕事に「締め切り」を設け、それも本当の締め切りよりも少し早めに仮の締め切りを設けることが効果的です。

　本当の締め切りだけだと、「あとでやる」習慣の人はどうしても締め切り間近になって仕事に取りかかることになるため、焦ってミスが起きやすく、その仕事を上司やお客様に渡した時、「ここはちょっと違うなぁ」と言われたとしても修正する時間がないということになりかねません。

　こうした行き違いを防ぐためにも締め切りは本当の締め切りより早く設定して、できるなら仮の締め切りを上司やお客様に伝え、「約束する」と効果的です。たとえ自分で決めた仮の締め切りであっても、一旦、口にした以上は「守る」必要がありますから、「遅れないようにすぐやろう」と自分を追い込むきっかけとなってくれます。

　締め切りを速めることには、このように①やり直しの時間を確保できる、②「すぐやろう」という後押しになるといったメリットがありますが、もう1つ見逃せないのが③「見直すことでギリギリまで良いものにしようと頑張れる」というメリットです。こ

こでは上司やお客様によってではなく、自分で自分のつくり上げたものを見直すことになります。

　たとえば、ものづくりの世界で大切なのは、設計の初期段階で問題点をきちんと解決して決して先延ばしをしない「フロントローディング」と、最後の最後まで粘り抜く「最後の一筆」です。

　人間の傾向として先を急ぐ気持ちが強すぎると、つい早く設計して試作をしよう、となりがちですが、それではあとになって問題が噴出してかえって時間もコストもかかることになります。それを防ぐためには、第2章でも触れたように、早い時期のしっかりとした準備や計画を欠くことはできません。

　そのうえでの「最後の一筆」です。すべてが順調に進み、「これで一段落」となったとしても、もし問題に気づいたり、もっと良いアイデアが浮かんだとしたら、「でも、ここまでできているし」と妥協せず、ギリギリまで粘り抜くことがより良いものづくりへとつながっていくのです。

　通常の仕事でも一旦完成したレポートや資料を2、3日後に読み返すと、もっと違うアイデアや、よりレベルの高い視点を思いつくことがあります。仕事は少し寝かせると、夢中でやっていた時には考えつかなかったようなアイデアに行きつくことがあるだけに、本当の締め切りより少し早めに仕上げることを習慣にすれば、数日の猶予でより良いものに気づくこともあるのです。

　仕事は「すぐやる」の一方で、「ギリギリまで粘る」ことでスピードに加えて高いレベルも実現できるようになるのです。

基本的行動
　早めの締め切り設定によりギリギリまで粘る時間を確保しよう。

「もっと効率よくやれる方法はないか」と考え続けよう

　今から10年以上前の雑誌のインタビュー記事で大前研一さんがこんな話をしていました。

　「自慢じゃないが、私なんか暇さえあればスケジュール帖を開いてもっと効率よくやれる方法はないかと考えたり、数か月先の予定をシミュレーションしたりしているぞ。そのせいか、原稿の締め切りを破ったことは一度もない」

　大前さんと言えば、圧倒的な仕事量をこなしつつ、圧倒的な成果を上げる人として知られていますが、そんな大前さんが時刻表やスケジュール表を見ながら、「どうすればその日のスケジュールを段取りよくこなせるか」を考えているというのは驚きです。

　時刻表で乗車時間や乗り継ぎなどを調べ、ギリギリまで事務所で仕事をするか、それとも新幹線で仕事をした方がいいのかまで検討するからこそたくさんの仕事を効率よくこなすことができるというのです。

　大前さん同様に2か月分のスケジュールを毎日「見る」ことでその後の仕事のやり方を考えているのが佐々木常夫さんです。翌日の予定やその週の予定を見るならともかく、なぜ2か月分なのでしょうか？

　理由は新しいスケジュールが次々に入ってくるということもありますが、スケジュール表を見ることで「残された時間」を知り、「必要なアクション」を体感するためだと言います。仕事の段取りをよくするためには、2か月先までのスケジュールを知る必要があるというのが佐々木さんの考え方です。

　大前さんや佐々木さんほどの仕事量をすさまじいスピードでこなすことはできないにしても、是非とも参考にしたいのはこのお二人でさえ毎日、スケジュール表を見ながら、「どうすればもっと効率のよい仕事のやり方ができるのか」を考えることを習慣にしているということです。

　多くのビジネスパーソンにとって仕事は上司やお客様からの指示や依頼を受けて行うわけですが、それでも指示されるまま、依頼されるままに仕事を行うだけでは自分の仕事のやり方を改善していくことはできません。

　自分のスケジュールと、やるべき仕事を見比べながら「どうすれば効率よくできるか」「どうすればもっと速くできるようになるのか」を考えたり、組み合わせたり、順序を入れ替えたりすることで初めてたくさんの仕事を「すぐやる、速くやる」ことができるようになるのです。

　「すぐやる」は、気合と勢いだけでできるものではありません。日々、より良いやり方について考えたり、試行錯誤したりすることで初めて「すぐやる」が当たり前の習慣となるのです。

基本的行動
　スケジュールを毎日見ながら「より良いやり方」を考えよう。

第 4 章

「すぐやる」チームを
つくるために

周りを巻き込んでこそ
「すぐやる」が可能になる

　ここまで「すぐやる」ことのメリットや、「すぐやる人」になるための段取り術、習慣術についてまとめてきました。「すぐやる」ことのメリットとデメリットを十分に理解したうえで、日々「すぐやる」ための習慣などを実践することによって、自分自身は確実に「すぐやる」人になっていくことができます。

　では、それだけですべての仕事が「すぐやる、速くやる」になるかというと、そうではありません。第2章でも触れたように仕事のほとんどは1人で完結するものではなく、ほぼすべての仕事は人から人へ受け渡されていくものですから、いくら自分1人が「すぐやろう」と努力しても前工程の人の仕事が遅いと、せっかくのスケジュールも狂うことになります。

　あるいは、自分が「すぐやる」を実践して、後工程に早めに送ったとしても、そこでの仕事が遅いと、最終的にできあがったものは「遅い」という評価になってしまいます。さらに厄介なのがチームでの仕事です。

　仮に自分が「すぐやる」人になったとしても、部下や後輩がそうでないとすれば、チームとしてのパフォーマンスが上がることはありません。もし自分がチームのリーダーだとすれば、リー

ダーとしての力量も問われるだけに頭の痛いところです。

　つまり、仕事における成果を上げるためには、自分が「すぐやる」人になるだけでなく、自分の前後の工程の人たちや、あるいは同じチームで働く人たちを巻き込むことで「すぐやる」チームにしていくことが不可欠なのです。

　トヨタ式に「個々の能率と全体の能率」という考え方があります。個々の能率は「自分だけ」「自分の部署だけ」の能率を上げていくことです。それ自体は大切なことなのですが、あまりに行き過ぎると「つくり過ぎのムダ」を生んだり、他の部署の業務の妨げになるなど、「全体の能率」を落とすことになりかねません。

　かといって、「全体の能率を落としてはいけないから、自分や自分たちも適当にしておこう」ということではありません。自分たちや自分の部署の能率を上げていく時には、周りの仕事のやり方を見ながら、時に提案し、時に一緒に知恵を絞ることで全体の能率も一緒に上げていこうというのがトヨタ式の考え方です。

　仕事は多くの人が関わって完成する以上、①一番時間がかかるところを洗い出して、そこから手をつける、②人に仕事を頼む時は、その人の仕事の速さを知っておく、③全員がイメージを共有する、④全員のスケジュールの進捗状況を見える化しておく—といった様々な工夫が必要になります。

　仕事を「すぐやる、速くやる」ためには、自分自身の努力だけでなく、周りの人たちの仕事のスピードを上げ、質を高める努力も不可欠なのです。

基本的行動
　仕事に関わるみんなを「すぐやる」に変えていこう。

指示は口頭より
文書が効果的

　仕事を「すぐやる」うえで避けたいのが「やり直し」です。上司が部下に指示を出す際にやるべき仕事の具体的なイメージなどをしっかりと伝えることをせず、「とにかく考えて」「任せるからとにかくやって」といった曖昧な指示をしてしまうと、部下は暗中模索でとにかく自分なりに仕事を進めるほかありません。

　ところが、時間をかけて膨大な作業をしたにも関わらず、上司の「こうじゃないんだよなぁ、もう一回考えて」の一言で、そのがんばりのほとんどがムダになってしまうようだと、部下としてはたまったものではありません。

　こうした仕事のやり方をしてしまうと、いくら誰かが「すぐやる」を実践したとしても、全体のスピードが上がることはありませんし、度重なるやり直しにチームのモチベーションも低下することになります。仕事のスピードを上げ、かつ成果を上げるためには、特にリーダーはその仕事に関わるすべての人がいかにやり直しのようなムダをすることなく、効率よく働くことができるかを考えていくことが何より大切なのです。

　やり直しのようなムダを避けるためには、上司の指示を受ける部下がしっかりとメモをとり、分からない点は自分で質問をし、

途中でも報連相を心がければいいのですが、それ以前にリーダーが部下に指示をする際には「口頭」ではなく、「文書」で明確な指示を出すことが効果的です。

　しかし、実際には指示を出す際には文書で伝えるより口頭で伝える人の方が多いのではないでしょうか。いちいち文書にするのは面倒ですし、口頭で伝えた方が早いと考えている人が少なくありませんが、指示の文書化にはいくつものメリットがあります。

　1つは、「指示を文書にする」ためには、自分の考えをしっかり整理する必要がありますし、文書にすることで抜けや漏れも防ぐことができます。

　もう1つは、相手に情報が正確に伝わるというメリットがあります。部下を呼んで口頭で指示をする場合、内容が正確に伝わらなかったとしても、部下はどうしても「分かりました」と答えてしまいます。結果、「言った言わない」や「そうは言っていない」といった行き違いが起こるのに対し、文書ならそうした行き違いが起こりにくくなります。お互いに同じ内容の文書があれば、どのような指示かは一目瞭然です。

　また文書による指示であれば、仕事の一部を他のメンバーに依頼する場合も、文書を見せればすぐに理解できます。指示を受けた本人も、指示の内容があやふやになった時には文書を読み返すことができるので、いちいち上司に聞く必要がありません。

　行き違いややり直しを防ぎ、仕事のスピードや効率を上げるためにも、指示は口頭ではなく文書で行うと効果的です。

基本的行動
　行き違いややり直しを防ぐために指示は文書で行おう。

143

スケジュールの指示と
スケジュール表の提出を

　グーグルの元CEOのエリック・シュミットがグーグル時代に
まとめた「会議のルール」の１つに次のようなものがあります。

「意思決定者は自ら動く。会議終了後は、意思決定者自身（他
の人に任せてはいけない）が決定内容や行動計画をまとめ、48
時間以内に少なくとも参加者全員にメールで送ろう」

　会議の後でしばしば起こるのが、参加者の「ところで、何を決
めたんだ？」という疑問です。長い時間をかけて話し合ったにも
かかわらず、そこで何が話し合われ、何が決まったのかについて
はうっすらとした印象しか残っていないのです。結果的に、会議
で決めたはずのことが徹底されないということがよくあります。

　まさに「時間のムダ」「会議のムダ」ですが、こうしたことを
防ぐためにやるべきなのが、何が決まったのかを再度確認するこ
ととと、目標の達成に向けて「誰が、何を、いつまでにやる」とい
う具体的な行動計画の策定です。間違っても「みんなでがんばろ
う」などと「誰が」や「いつまでに」のない決定は行わないこと
です。

　「すぐやる」ためには、どんな仕事にも「締め切り」を設ける
ことが効果的ですが、チームで仕事をする場合には「みんなで協

力して」とか、「全員で」ではなく、1つひとつの仕事に「誰が」という担当者を決め、「誰が、何を、いつまでに」をはっきりと指示することが重要になります。

「誰が」が曖昧だと、たいていの場合、「誰かがやるだろう」と考えて誰もやらなくなってしまいます。「できる人がやる」「手の空いている人がやる」では、誰かが貧乏くじを引くことになってしまいます。一部の人に過度の負担をかけることなく、チームの全員がそれぞれの仕事に責任を持って取り組めるように、「誰が、何を、いつまでに」を明確にしましょう。

では、「誰が、何を、いつまでに」を決めればそれでいいのかというと、そうではありません。

たとえば、「○日までに、この仕事を仕上げて」とAさん、Bさん、Cさんの3人に指示をしたとして、経験豊富なAさんとBさんは信頼して任せられるとしても、Cさんは経験が浅くて任せるには不安があるとします。

その場合、リーダーはCさんには、「この仕事を○日までに仕上げるとして、どういうスケジュールでやる?」と問いかけて、スケジュールを提出してもらうようにしましょう。

そこには抜けや漏れ、見通しの甘さなどがあるはずですから、それを指摘しつつ可能なスケジュールを組むことで、Cさんも自信を持って仕事に取り掛かれるはずです。チームに仕事を指示する時には、「誰が、何を、いつまでに」を明確にしますが、時には細かなスケジュールを提出してもらうことで確実に仕事が進められ、「すぐやるチーム」となっていくのです。

基本的行動
仕事の指示では「誰が、何を、いつまでに」を明確にしよう。

進捗状況の見える化と
定期的なチェックを

「すぐやるチーム」をつくるためには、最初の段階でのしっかりとした「仕事の指示の仕方」がポイントになります。「誰が、何を、いつまでに」を明確にしたうえで、それぞれの仕事の内容については口頭ではなく文書で指示することで、部下は迷いなく仕事を始めることができます。

さらに経験の浅い部下については、部下からその仕事をやるためのスケジュールを提出してもらったうえで、抜けや漏れはないか、スケジュールを甘く見ていないかといった点について話し合いをすることによって、自信を持ってスタートできるように手助けをします。

これらの作業には時間がかかるだけに、なかには「そんなことに時間をかけるより『すぐやれ』と指示をして、とりあえずやらせた方がいい」と考える人もいるかもしれませんが、それではいざスタートをしてから問題が生じたり、やり直しのムダが生じることで、せっかく早くスタートしたはずがかえって時間がかかることになります。

少し時間をかけたとしてもリーダーとメンバーが内容や締め切りについて共有していることで初めて仕事は速く効率よく進むこ

とになるのです。

　このようにスタート時に時間をかけることに加え、もう1つ忘れてはいけないのが途中経過のチェックです。仕事を始める前、目指すゴールについてしっかり打ち合わせをしていたとしても、いざ実際に仕事を始めてみると、その過程では必ず問題が生じるものです。

　報連相の基本は「AかBかというY字路に立たされた時には、自分の意見と一緒に報告して上司の判断を仰ぐ」ことや、「問題が起きた時には、自分で何とかする前に、問題が起きたという事実をすぐに上司に報告する」ことですが、なかには基本を忘れて、自分で問題を処理しようとして事を大きくする人もいます。自分で勝手な解釈をして、間違った方向へ行く人もいます。

　もしそのままで締め切りを迎えてしまうと大変なことになります。リーダーが引き取って、突貫工事で修正をしたり、他のメンバー総出で修正をするようになり、全体のスケジュールは遅れ、締め切りに間に合わないことになってしまいます。

　それを防ぐためにはメンバーの自主的な報連相に期待するのではなく、最初から仮の締め切りを設定して、リーダーが途中経過をチェックすることです。そしてその時点で問題があれば、すぐに修正して、全体のスケジュールに狂いが生じないようにします。「すぐやる」と同時にしっかりと成果を上げるためには最初の細かな指示と、スケジュールの見える化、そして定期的なチェックが不可欠なのです。

基本的行動
　あとで慌てないように進行状況を定期的にチェックしよう。

メンバーの星取表を
つけてみよう

　「すぐやるチーム」をつくるためにはメンバーの特性やスキルについて正確に知っておくことが大切になります。

　上司が部下を評価する時、よく使うのが「Aさんはできる」「Bさんはあまり仕事ができないなぁ」といった表現です。では、ここでいう「できる」「できない」は「何ができて、何ができないのか」と具体的に詰めていくと、「何が」がはっきりせず、単に表に出た数字や印象によって「できる」「できない」を決めているということがよくあります。

　トヨタ式に「星取表」による「能力の見える化」という考え方があります。元々は生産現場で使っていたものですが、間接部門であっても、たとえばその部署の仕事をやるうえで必要なスキルをすべて箇条書きにして、その1つひとつについて「部下を指導できるレベル」「1人ですべてできるレベル」「教えてもらえばきちんとできるレベル」「まだ勉強中」といった基準で相撲の星取表のように「◯」の中を4分の1ずつ塗りつぶしていきます。

　各部署に所属する全員についてこうした星取表をつくると、「できる」と言われていたAさんでさえすべての仕事ができるわけではなく、半分くらいしかできないことが分かったり、「でき

ない」と思われているＢさんが幅広い仕事について一定の能力を持っていることが分かるなど意外な発見があります。

これが「星取表」を使った「能力の見える化」です。「すぐやるチーム」をつくるためには完璧ではないにしても、メンバー１人ひとりの持つ能力やスキルについて簡単な「星取表」をつくり把握しておきたいものです。

そうすることでチームの強みや弱みも分かりますし、実は能力があるにもかかわらず、「あまりできない」という思い込みから簡単な仕事しか与えず、メンバーのやる気をなくさせたり、スキルの不足するメンバーに難しすぎる仕事をやらせるといった失敗を防ぐことができるようになります。

「星取表」と合わせてやっておきたいのがメンバーの性格などの把握です。ある経営者は管理職時代にはメンバーの言動などを細かくノートにつけて記録し、やがて背中を見るだけで何を考えているか、何か悩んでいるのではないかといったことが分かるようになったと話していましたが、メンバー１人ひとりの性格を知ることもチームの戦力を正確につかむうえで大いに役立ちます。

上司と部下の関係というのは「部下は上司を３日で見抜く」という言い方があるように、部下が比較的早く上司のことを見抜くのに対し、上司が部下を理解するには時間がかかるものです。「すぐやるチーム」をつくるためにはメンバーをよく知り、理解することが欠かせません。「星取表」やノートをつけることでメンバーを正しく理解するようにしましょう。

基本的行動
「星取表」でメンバーの能力を見える化しよう。

メンバー全員の働き方を「見える化」しよう

　本章でメンバー全員の星取表をつけることで「能力の見える化」をするというやり方を紹介しましたが、同様にリーダーとしてやっておきたいのがメンバー全員の1日のスケジュールを見える化することです。

　自分自身が「すぐやる人」になるためには、毎日のスケジュールをつけることと、そのスケジュールを1日の終わりに振り返ることが効果的だと既に書きましたが、これをメンバー全員にやってもらうのが「メンバー全員の働き方を見える化する」という考え方です。

　なぜこうしたやり方が必要かというと、「忙しい」が口癖の人や、残業が当たり前になっている人に限って、時間の使い方が下手で、言わば行き当たりばったりの仕事のやり方をしているからです。毎日、誰しもたくさんの仕事をこなしているわけですが、それらを漫然とやっているだけだとどうしても積み残しが出たり、何時間も残業をすることになってしまいます。

　働き方を変え、「すぐやる、速くやる人」になっていくためには、計画的に時間を使い、上手に時間を使うことが不可欠ですが、そのためにはまず「自分はどのような時間の使い方をしてい

るのか」を知ることが必要なのです。

　「すぐやるチーム」になるためには、メンバー全員が自分の時間を上手に使うことが重要になります。そのためにもリーダーはメンバー全員に毎日、その日の仕事のスケジュール表を書いてもらいます。理想は前日の夜ですが、難しければ始業前でもかまいませんから、15分とか30分単位でその日にやる業務のスケジュールをつくり提出してもらいます。業務の順番とそれにかける時間見積もりを記入し、残業は予定しません。

　そして終業後に、実際にどのように仕事を進めたのかを記録してもらいます。当然、計画と実際のスケジュールの間にはズレが生じます。突発的な仕事が入って予定が狂うこともあれば、「30分」と見積もった仕事が予想以上に時間がかかることもあると思いますが、その際は「積み残した仕事とその理由」「予定より時間のかかった仕事とその理由」などをメモしておきます。

　このような記録を続けるメリットは２つあります。

　１つはこれまで「時間がない」「仕事が遅い」と感覚的に感じていた問題点が見える化されることで、「どうすれば改善できるのか」を考えるきっかけになりますし、もう１つは他のメンバーの働き方を知ることで「より良い働き方」を考えるきっかけになるということです。

　「すぐやるチーム」をつくりたいのなら、まずは１か月メンバー全員の働き方を「見える化」してみてはいかがでしょうか。

基本的行動
　メンバーの働き方を「見える化」して、「改善」していこう。

みんなで整理整頓をしよう

　「すぐやる」ためには、既に触れたように「整理整頓」を行うことで探しものに使う膨大な時間のムダを改善することが不可欠ですが、同様に「すぐやるチーム」をつくるためには、チームの全員が「整理整頓」に取り組むことが欠かせません。

　トヨタ式を全社的に導入するにあたって何が重要かというと、「ムダとは何か」に関する基準を統一することと、全社一丸となって全員参画で整理整頓に取り組むことです。

　理由は「ムダとは何か」に対する基準が人によってばらばらだと、ある人が「ここがムダだから改善しよう」と言っても、「これはムダじゃない」と反対する人がいて、ムダどりも改善も一向に進まなくなるからです。

　同様に整理整頓に関しても、チームのある人は整理整頓が行き届き、必要なものがすぐに取り出せるにもかかわらず、別の人は机の上にうず高く資料を積み、何がどこにあるかも分からないのに、「自分には全部分かっている」とまったく整理整頓をしないようだと、チーム全体の「すぐやる」もうまくいかなくなってしまいます。

　整理整頓を含む５Ｓをスムーズに進めるためには、職場のみん

なが決められたルールを守ることが大切になります。「使った
ファイルはこの棚のこの段に」「文房具を使ったらこの引き出し
に」と決めたなら全員が守ることが必要で、1人でも「あとで直
すからとりあえずこの辺に入れておこう」と勝手な収納を行って
しまうとせっかくの整頓もあっという間に乱れてしまうのです。

　そうならないためにも職場の整理整頓は「全員で」行うことが
大切なのです。整理整頓というのは一見地味な作業に思えます
が、「ものを探す」というムダから解放されるうえ、「何がどこに
あるか」がみんなに分かることで、その先の「標準作業づくり」
や「あの人にしかできない」を脱して「多能工化」を実現するう
えでも大いに役立ちます。

　「すぐやる」を実現するためには、たとえば目の前に「今日や
る仕事」に必要なものだけを用意しておくことが効果的ですが、
机の上が整理整頓されてすっきりすれば、必要なものだけを置い
て仕事に集中できるようになります。

　さらにみんなで「整理整頓」という1つの目標に向かって一緒
に作業をすることで一体感も生まれ、コミュニケーションもより
スムーズになることが期待できます。これを機に「ムダとは何
か」「整理整頓された状態とは」といったことも意思統一をして
おくとなおいいでしょう。

　「すぐやるチーム」をつくりたいのなら、できるだけ早い時期
に職場の整理整頓を実施しましょう。

基本的行動
　「整理整頓」をすることでムダを嫌う職場づくりを。

チームに「集中タイム」を
取り入れよう

　仕事をするうえで社内や社外からの電話は、仕事への集中を妨げるだけにあまり歓迎できるものではありません。仕事に集中している時の上司からの突然の指示や、仲間からの「ちょっと聞きたいんだけど」といった声かけなども集中を途切れさせる要因となります。

　集中している時の突然の中断が困るのは、せっかく順調に進んでいた仕事をやめなければならないだけでなく、再び仕事に戻ったとしても同じように集中できるとは限らないからです。一旦切れた集中の回復にはある程度の時間が必要です。

　あるいは、せっかく思いついたアイデアなどが中断によって、「えーっと、いいことを思いついたんだけど何だっけ」と思い出せなくなることもあります。

　こうしたことを防ぐためにチームとして取り組みたいのが必要に応じて集中タイムを確保するというやり方です。吉越浩一郎さんがトリンプの社長時代、午後の2時間を「がんばるタイム」と決めて、その間は社員に電話も会話も禁止して、ひたすらに仕事に集中させることで仕事の効率を上げたという事例は本書で紹介しました。

　チームとしてそこまでは徹底できないにしても、チームの誰か
が希望すれば、その間は取引先や他部署からの電話を取り次がな
いとか、何か聞きたいことがあっても声をかけるのを控えると
いった程度の配慮はしたいものです。

　あるいは、自分たちの席とは別に集中できる場所に移動して仕
事をすることを認めるのも1つの方法です。長い時間は難しいと
しても、こうした仕事だけに集中できる時間を2、3時間でも持
つことができれば仕事の効率は格段に上がることになります。

　もちろんメンバーの1人だけがほとんど自分の席におらず、
ずっと別の場所で仕事をしているとなると他のメンバーの負担が
増すことになって問題ですが、グーグルの「20%ルール」のよう
に1週間の就業時間のうち何%までは集中タイムに使っていいと
いったルールを決めることで、各自が集中とコミュニケーション
の時間をバランスよくとれるようになります。

　ある企業では全社的なテレワークが実施されたにもかかわら
ず、管理職が「チームは1か所に集まって仕事をすべきだ」と主
張、メンバー全員が同じシェアオフィスで仕事をすることになっ
たという話を聞いたことがありますが、「チームはいつも一緒に」
にこだわり過ぎるとかえって生産性の低下につながるだけに1人
ひとりの働き方への配慮は今後さらに重要になってきます。

　「すぐやるチーム」をつくるためには、働く時間や働き方を工
夫することも大切になります。その中でも「集中タイム」は効果
的な方法の1つなのです。

基本的行動
　チームとして「集中タイム」を取り入れてみよう。

「教えることで学ぶことが できる」と知ろう

　本章で「チーム全員の働き方を見える化」するメリットの1つとして、すぐれた働き方をしているメンバーのやり方を他のメンバーが見て学ぶことができる、という点を挙げました。

　働く1人ひとりの「能力」や「経験」には差があります。当然、その差を埋める努力も必要になりますが、一方で「より効率の良い働き方」を身につけることで「より速く、より良く」は可能になります。

　たとえば、自分が経験のない仕事を指示された時、「とにかくやってみよう」と無計画にスタートする人と、経験のある人に教えを請い、ある程度の準備を整えてからスタートする人とでは、たしかに前者の方が速くスタートすることはできますが、成果という点では確実に後者の方がより速く上げることができるはずです。

　こうしたより良い働き方を他のメンバーの働き方を見ながら学ぶことができるチームであれば、みんなが成長し、「すぐやるチーム」となっていくことができるのです。「働き方」だけでなく、「知識」や「技能」に関してもチーム内で学ぶことができれば、さらにチームとしての成長が期待できます。

　研修というとたいていの企業では外部の講師やコンサルタントに依頼して行いますが、トヨタの場合はプログラムの作成から講師まで社内の人間が務めることがほとんどです。

　理由は①現場のことを分かっていない人が、いろいろと教えても役に立たない、②教えるだけではなく、教えられることになる─からです。

　特に②は大切で、先輩は後輩を指導することで多くを学ぶことができます。基本に戻って自分の知識を確実なものにしたり、自分の仕事の仕方を見直したり、相談に乗ることで新たな気づきを得て、後輩だけでなく、自分自身の成長にもつなげることができる、というのがトヨタが研修を内製化する理由です。

　研修というほど大げさなものでなくとも、チーム内で「教えを請う」だけでなく、「教える」ことにもみんなが積極的になれば、後輩が成長することはもちろんですが、先輩たちも「教える」ことを通して、自分の知識や働き方を再確認し、より良い働き方ができるようになっていきます。

　今の時代、マネジャーの多くは「部下を指導する時間」が取れないほど仕事に忙殺されていますが、それをカバーするためにもチーム内では是非とも「教え、教えられる」習慣をつけたいものです。教えることは手間のかかることですが、教え、教えられることで1人ひとりが知識や技能、より良い働き方を身につけることでチームは「学習するチーム」そして成果の上がる「すぐやるチーム」となることができるのです。

基本的行動
　「教え、教えられる」ことで「学習するチーム」になろう。

失敗したら「失敗したぁ」と声を出せ

　ある金融機関のトップが毎年、新入社員にこんな話をしていました。

　「失敗をした時には『失敗したぁ』と大きな声で言いなさい」

　新入社員は仕事に不慣れなため、最初の頃はよく失敗をします。そんな時、「失敗して怒られるのはいやだなぁ」という思いがあると、失敗しても「失敗しました」と素直に先輩に言えず、つい隠そうとします。

　小さな失敗ならそれでも何とかごまかせたとしても、もし大きな失敗を隠したりしたら、自分で何とかしようとしているうちに問題が大きくなり、会社やお客様に迷惑をかけることになりかねません。こうした「失敗を隠す」という悪い習慣を断ち切るためにトップが言っていたのが「失敗した時には『失敗したぁ』と大きな声を出せ」という教えでした。

　失敗をした時、「失敗したぁ」と声に出せば、近くにいる先輩や上司は「どうした」と声をかけてくれます。「何をやっているんだ」くらいは言われるかもしれませんが、「この時はこうすればいいんだよ」とアドバイスをしてくれるので、失敗が大きな失敗になることはありませんし、失敗から「こんな時にはどうする

か」という学びを得ることもできるのです。

　「すぐやるチーム」をつくるうえで大切なのが失敗に対するこうした前向きな考え方です。本書でも何度か触れましたが、アイデアがあり、やるべきことが分かっているにもかかわらず、「すぐやる」ができないのは、「失敗したらどうしよう」という恐れがあるからです。

　会議などでも新しいアイデアに反対する人がしばしば口にするのは「失敗したらどうするつもりだ」という脅し文句です。どれほど考え抜いた計画でも100％の成功が保証されていない以上、失敗への不安はあります。そんな時、チームや会社に失敗を許容する文化がないと、失敗を恐れてどうしても実行は先延ばしになりがちです。

　そうならないためには失敗を「称賛する」必要はありませんが、少なくとも失敗を隠すことなく、失敗の原因を調べて失敗の記録を残すといった風土ではありたいものです。メンバーの1人が失敗した時、あるいは悪い知らせを報告した時のリーダーの態度はみんなが見ています。

　仕事を甘く見ての失敗や、明らかな準備不足の失敗は厳しく注意しても、新しい仕事などに挑戦しての失敗はそこから教訓を学び、さらなる挑戦をするための後押しをすることです。「すぐやるチーム」にとって失敗を隠すことなく、「見える化」できることはとても大切なことなのです。

基本的行動
　失敗は隠さず、「みんなに見える」ようにしよう。

「あの人にしかできない」は
「すぐやる」の妨げになる

　あなたのチームや部署に「この仕事はＡさんにしかできない」という仕事を抱えている人はいないでしょうか？　また周りも「この仕事はＡさんにしか頼めない」と思い込み、Ａさん自身も「この仕事は自分にしかできないから、おちおち有休もとれないよ」などと自分の存在を誇っている人はいないでしょうか？

　企業にはこうした「あの人にしか頼めない」「あの人にしかできない」という人がいますが、資格が必要な専門的な仕事ならともかく、通常の仕事でこうした「あの人にしかできない」があるのは決して好ましいことではありません。

　たしかにＡさんにしてみれば、「お前の代わりなんていくらでもいるよ」と言われることを思えば、「君にしかできない」仕事を持つことはビジネスパーソンとして誇らしいし、心強いことでもあります。

　しかし、実際にはこうした「Ａさんにしかできない」仕事の存在が生産性の向上を妨げ、ムダを生み出しているというのもよくあることです。生産現場などで機械の調整が難しく、「これができるのはＢさんだけだな」と言われるベテランがいます。あるいは、倉庫のどこに何があるかを完璧に把握しており、「倉庫のこ

とはCさんに聞けば大丈夫」と言われるCさんがいます。

　ある意味、頼もしい存在ではありますが、改善によって難しい機械の調整をなくして誰にでも使えるようにすれば、Bさん以外の誰でもその仕事ができるようになります。同様に倉庫の整理整頓を徹底して、何がどこに何個あるかが誰にでも分かるようになれば、Cさん1人に頼る必要はありません。

　つまり、「難しい仕事」を難しいままにしておくと、いつまでもBさんやCさんに頼ることになりますが、改善することで難しい仕事を「易しい仕事」に変えれば、誰もができるようになり、仕事の効率も格段に上がることになるのです。

　これは生産現場に限ったことではありません。たとえば、チームの中の仕事の配分を見渡した時、特定の人に仕事が集中しているということはないでしょうか。たしかにその人の能力が高く、任せて安心なのかもしれませんが、1人が多くの仕事を抱え、「その人にしかできない」状態にあると、休みたくても休めなくなりますし、他の誰もその代わりをできなくなってしまいます。

　これはチームとしては大きな問題です。このようなケースで必要なのはその人がやっている仕事の標準作業をつくり、誰でもその仕事をやれるようにすることです。1つの仕事をできるのが1人ではなく、複数の人ができるようにすることです。「すぐやるチーム」をつくるためには、仕事の偏りや属人化を解消して「みんなができる」ようにすることも大切なことなのです。

　基本的行動
　「あの人にしか」は標準化で「みんなにできる」にしていこう。

「がんばりの方向」を間違えるな

　「すぐやる」を習慣にするためには、すべての仕事に締め切りを設定し、かつ「残業はしない」と決めることが効果的です。「間に合わなければ残業すればいいや」という甘えがある限り、仕事は「すぐやる」必要はなく、「あとでやる」「ゆっくりやる」を繰り返したとしても何の支障もありません。

　こうした人たちに必要なのは「残業をしない」ことがどのようなメリットをもたらすかを体験してもらうことです。

　ある企業の経営者Eさんが開発部門のリーダーを務めていた時のことです。その開発部門は長く赤字続きで、Eさんがリーダーになった時も赤字に苦しんでいました。

　Eさんは何とか赤字から脱却しようと部下たちと一緒に毎日夜の10時、11時まで残業をして、土日も休日出勤でがんばっていました。今の時代なら許されないかもしれませんが、「もうこれ以上は働けないよ」というほどの働き方です。「赤字のくせに早く帰るなんてできないよ」という意識もあったのでしょうが、それほどに働いても、どんなにがんばっても一向に赤字から抜け出すことはできませんでした。

　Eさんはもちろん、みんながこんな疑問を口にしました。

「なぜこんなにがんばっているのに好転しないんだろう？」

いろいろな理由が挙がってきましたがいずれもピンときませんでした。そんな時、上司がEさんにこんなことを言いました。

「君たちがそんなに一生懸命に働くから赤字になるんだ。そんなに仕事をするのをやめたら黒字になるよ」

最初、Eさんは上司が残業代のことを言っているのかと思いましたが、部下の1人が「ちょっとがんばるのをやめて冷静になれ、ということじゃないですか」と言ったことで思い切って残業をやめて定時に帰るようにすること、休日出勤もやめてしまうという決断をすることができました。

やけっぱちの開き直りのようにも思えますが、実はこの決断が功を奏しました。残業や休日出勤をやめたことで、Eさんたちは冷静に考えることができるようになりました。「なぜ結果が出ないのか」についても、製品開発の遅さから同業他社に後れを取っていることに気づきました。

原因が分かれば対策は立てられます。Eさんたちが開発スピードを上げたことで同業他社とも互角に戦えるようになり、どんなにがんばって残業しても実現できなかった黒字化を達成することができたのです。

成果の上がらない原因も分からないままに「とにかくがんばれ」では、そのがんばりは報われません。「すぐやるチーム」をつくるためには「がんばりの方向」を指し示すことも必要なことなのです。

基本的行動
がんばりは必要だが、正しいがんばり方を考えよう。

やってはいけない「突き放す」と「代わりにやる」

「すぐやるチーム」をつくるのは、仕事を「すぐやる、速くやる、成果を上げる」ためですが、その際、リーダーであるマネジャーが気をつけたいのが「部下を突き放す」ことと、「代わりにやる」の2つです。なぜダメなのでしょうか？

1．部下を安易に突き放すな

マネジャーの年齢にもよりますが、かつては「仕事はOJTで」と、部下に細かな指導をするのではなく、「まずはやらせてみる」ことを優先する指導をする上司がいたため、こうした「オレの背中を見て学べ」的な指導で育ったマネジャーはどうしても部下にも同じような指導をする傾向があります。

たしかに失敗をしながら覚えていくことも大切なのですが、今の若い社員に十分な指導なしに「いいからやってみろ」と突き放してしまうと、ほとんどの社員は失敗を恐れるあまり臆病になってしまいます。にもかかわらず、「すぐやれ、速くやれ」とせかすと何をどうしていいか分からずパニックに陥るため、極端な突き放しは注意が肝要です。

仕事のスケジュールを考えさせ、それを見ながらスケジュー

ルの甘さや、誰に助けてもらえばいいのかといったことを丁寧
に指導することで、「これなら１人でできる」と自信を持って
仕事に取り組めるようにすることが重要です。自信さえつけば
「すぐやる」ことへのためらいはなくなります。

２．代わりにやるな

　突き放すこと以上にやってはいけないのが、マネジャーが
「自分がやった方が速いから」と取引先との交渉や書類の作成
などを代わりにやってしまうことです。

　たしかにいずれも経験の浅い社員よりもマネジャーがやる方
が速いし、ミスも防ぐことができます。あるいは、マネジャー
自身は代わりにやらなかったとしても、経験の浅い社員がやっ
てみてうまくいかないと分かるや否や他の社員に「これ代わり
にやって」と仕事を取り上げるのはどうでしょうか。

　こちらも仕事は速くなりますし、ミスの心配をする必要はあ
りませんが、これでは経験の浅い社員から仕事を奪うことにな
り、戦力外通告をしたことになりかねません。なかには「仕事
を奪われた」悔しさを胸に一念発起する人もいるかもしれませ
んが、実際にはそういう人は稀です。

　「すぐやるチーム」をつくるのは大切なことですが、かといっ
て「任せると時間がかかるから自分でやる」などと焦り過ぎない
ことも大切なことなのです。

基本的行動
　経験の浅い社員は突き放すな、安易に代わりにやろうとするな。

「心理的安全性」を
大切にしよう

　「すぐやるチーム」をつくるうえで大切にしたいのが「心理的安全性」です。「心理的安全性」というのはGAFAの一角として成長を続ける一方、「働きやすい企業」ランキングでも常に上位に入っているグーグルが「成果を上げるチーム」について行った調査から導き出された大切な要素の1つです。

　「成果をあげるチーム」に関してはある神話がありました。それは「Aクラスの人材を集めればすごい製品ができる」というIT業界で言われる神話のことですが、グーグルが「あの神話は本当か？」と調査を行ったところ、出てきたのは「平均的なメンバーを集めて、共同作業の正しいあり方を教育すれば、スーパースターでもできないことを成し遂げることができる」というものでした。

　つまり、チームが成果を上げるために必要なのは、突出した人材ではなく、①心理的安全性（不安や恥ずかしさを感じることなく、リスクある行動をとることができる）、②信頼性（限りある時間を有効に使うため、互いに信頼して仕事を任せあうことができる）、③構造と明瞭さ（チーム目標や役割分担、行動計画が明瞭である）、④仕事の意味（メンバー1人ひとりが自分に与えら

れた役割に対して意味を見出すことができる）、⑤仕事のインパクト（自分の仕事が組織や社会全体に対して影響力を持っていると感じられる）——という5つの要素を備えていることが重要になります。

　チームを率いるマネジャーやリーダーが、こうしたことを知り、実行することができれば、どんなチームも成果を上げることができるし、イノベーションを起こすことができるというのがグーグルの考え方です。

　これはグーグルに限らず、すべてのチームに共通することで、なかでもチームがまとまり、機能するためには、メンバー全員が不安や恥ずかしさを感じることなく自分の意見をしっかり言うことができ、周りもその意見を尊重し、かつ失敗を恐れずにリスクある行動をとれるという「心理的安全性」がチーム内にあることはとても重要になります。

　なかでもリーダーやマネジャーの果たす役割は大きく、リーダーや先輩が「つべこべ言わずにオレの言うとおりにやれ」と言ったり、他のメンバーの意見に耳を傾けず「黙ってろ」と一蹴するようでは、他のメンバーは委縮してしまうのに対し、リーダーや先輩社員が他のメンバーの意見を尊重するチームは心理的安全性の高い成果を上げることのできるチームとなるのです。

　心理的安全性を壊すのも育むのもリーダー次第です。「自分はみんなの意見に真剣に耳を傾け尊重しているか？」を問うだけでもチームは変わり、みんなが失敗を恐れずに生き生きと働く「すぐやるチーム」に変わることができるのです。

基本的行動
　チームに「心理的安全性」を育むように努力しよう。

167

「答え」は教えるな、 「考えさせろ」

　ここまで「すぐやるチーム」のつくり方についてまとめてきましたが、これを読んで「何だか手間がかかって面倒そうだなぁ」と感じた人もいるのではないでしょうか。

　仕事の指示に際しては口頭ではなく文書で行うとか、仕事の進め方についてスケジュールを提出してもらい、そのスケジュールについてアドバイスを行うといったことを1つひとつやっていては、ただでさえ時間の無いマネジャーの時間がさらに不足して、自分が仕事をする時間がなくなってしまうのではという不安を感じる人もいるかもしれません。

　そしてそんなことに時間をかけるより、いっそ自分でやってしまうか、できのいいメンバーに代わりにやらせる方がいいと考えがちですが、こうしたやり方の問題点も既に触れたとおりです。

　大切なのは全員で「すぐやるチーム」になることで、一握りのできのいいメンバーだけで「すぐやるチーム」をつくることではありません。そしてそのためにはまだ経験の浅いメンバーや、決して「できる」とは言えないメンバーもしっかりと育てていくことが大切なのです。

　その際、リーダーに求められるのが「答えを教えるのではな

く、自分で考えさせる」というプロセスです。

　どのようにやればいいかリーダーでさえ分からない仕事でない限り、たいていの仕事についてリーダーは十分な経験を積んでいます。言わば、「どのようにやればいいか」という答えを持っているわけですが、だからといって一から十まで手取り足取り仕事のやり方を指示していては部下が育つことはありません。

　たしかに最初にやり方を教えてもらえば、失敗することもありませんし、「すぐやる、速くやる」ことも可能になりますが、それでは「指示されないと何もできない」部下ばかりになってしまいます。そんなチームが新しいことに挑戦したり、新しい何かを生み出すことはありません。

　リーダーの役目は「部下に最初から答えを教える」ことではなく、「部下に考えさせ、自分で答えを考えられる人間に育てる」ことです。ヒントを与えることもかまいませんし、アドバイスをすることもかまいませんが、最初は部下に考えさせ、その答えに対してヒントを与えたり、アドバイスをすることが基本です。

　たしかに時間はかかりますし、「すぐやる」にはなりませんが、こうしたやり取りを通して部下は指示なしでも動けるようになり、やがてはチームのメンバーは自分で考え自分の責任で行動するようになるのです。人を育てるのには時間がかかりますが、育った部下たちは自分たちの力で速く動くこと、成果を上げることができるようになるのです。

基本的行動
　「答えを教えず考えさせる」ことがやがて「速さ」につながる。

会議に時間を とられすぎるな

　チームのメンバー全員の働き方を「見える化」することのメリットの1つは、「何にムダな時間をとられているか?」が明確になることです。

　仕事を速くやる能力が不足していて、いつも計画以上に時間をとられる人もいれば、お客様のクレームなど突発的な出来事に時間をとられる人もいます。あるいは、商談などのための移動に驚くほどの時間を割いている人もいれば、なかには出席する会議がとても多いうえに、いつも会議が予定より長引くことで仕事のための時間をとられている人もいるかもしれません。

　「会議に時間をとられる」というのは多くのチームが抱えている問題の1つです。すべての会議を自分たちでコントロールできるわけではありませんが、チーム内の会議や自分たちが主体的に関わる会議などは、できる限り効率の良いものに変えていくことも「すぐやるチーム」をつくるうえでは必要なことと言えます。

　グーグルの元CEOエリック・シュミットが次のような「会議のルール」を提唱しています。

1.　会議にはオーナーを置く

　会議は単なる報告会ではなく何かを決定する場所です。オー

ナー、つまり意思決定者を置くことで何も決まらない会議、先送りする会議にならないようにします。

2．会議は簡単に廃止できるように

あらゆる会議には目的があります。「本当にこの会議は必要なのか？」を問うことでムダな会議は即刻廃止します。

3．会議は運営しやすい規模に

会議に参加する以上、全員がしっかり意見を述べることが重要です。出席者は多くても10人、8人程度が妥当です。

4．「会議に出る＝重要人物」ではない

自分が参加する意味がない会議に出る必要はありません。

5．時間管理は重要

会議は時間通りに始め、時間通りに終わらせます。

6．会議に出るなら、真面目に出よう

会議に参加する以上はしっかりと意見を述べ、意思決定に参加しましょう。仕事が終わらないのなら、会議の場で仕事をするのではなく、会議への参加そのものをやめましょう。

仕事の効率を上げたいのなら、ムダな会議は廃止して、会議の時間も短く、かつ開始と終了の時間を厳守しましょう。資料も事前に配布して目を通してもらえば、報告にムダな時間を割く必要はありません。まずはチーム内の会議やミーティングを効率化して、次に自分たちが関わるものを変えていくことでチームの仕事はより速く、効率の良いものに変わっていきます。

基本的行動
「会議のルール」をつくって自分たちの会議から変えていこう。

意見の対立に目をつぶるな

　チームがまとまり、機能するためには、メンバー全員が不安や恥ずかしさを感じることなく、リスクある行動をとることが必要になります。

　そのために大切なことの1つが、チームのメンバー全員が自分の意見をしっかりと言えるかどうか、みんながその意見に耳を傾けるかどうかです。

　グーグルには心理的安全性のある環境をつくることを目的としたリーダーのためのチェックリストがあり、その1つに「リーダーは議論の時にチームメイトの意見をさえぎってはいけない」というものがあります。

　理由は、もしリーダーがメンバーの発言中に「もういい」と話をさえぎってしまうと、他のメンバーもリーダーにならって人の話を平気でさえぎるようになるからです。

　結果、「みんなが自由に意見を言う」「人の話を最後まで聞いたうえで自分の意見を言う」という大切な文化が壊れてしまうからです。

　そうならないためにはリーダーには
①みんなの意見に最後までしっかりと耳を傾ける

②メンバー全員が発言できるように配慮する

といった態度のほかに、次のような姿勢が求められます。

　「チーム内の意見の対立に目をつぶることをせず、また抑え込もうとせず、みんなでオープンに議論するようにする」

　これは案外難しいことです。

　理由はリーダーに１つの考えがあり、その方向に持っていきたいにもかかわらず、いろいろな意見が出て思うような結論が出ないと、「すぐやる＝実行を急ぎたい」という意識も働いてか、議論を打ち切ってでも自分の方針をいち早く実行に移したいと焦ってしまうからです。

　たしかに多すぎる会議や長すぎる会議の時間がムダにつながりやすいように、何の結論も出ない報告や議論を延々と続けるのはムダなことですが、一方でしっかりと意見を戦わせているにもかかわらず、「時間のムダだから」と議論を打ち切って先を急いでしまうと、意見のあるメンバーにとっては「まだ議論を尽くしていないのになぁ」という不満が残ります。

　これではいざ「さあ、やろう」となっても、納得感がないということで本気で取り組むことはできません。「すぐやる」という意識が強すぎると、議論に時間をかけるよりも実行を急ぎたいという気持ちが強くなりがちですが、実行のスピードや質を上げるためにはメンバーみんなの「納得」を欠くことはできません。

　意見の対立に目をつぶらず、しっかりと議論を行い、納得して事に当たるのも「すぐやる」ためには必要なことなのです。

基本的行動
　しっかりとした議論がその後の実行スピードを上げていく。

定期的に検証と反省を行う

　「すぐやるチーム」をつくるためには、メンバー全員の働き方を「見える化」して、それを元により効率の良い働き方について考えたり、他のメンバーの働き方を参考にすることが効果的だと本章で既に書きましたが、こうしたやり方を若い頃から続けることで世界的コンサルタントとなったのがピーター・ドラッカーです。

　ドラッカーはハンブルク大学やフランクフルト大学の法学部で学びながら綿製品の商社や新聞社の記者としても働いていたことがあります。第一次世界大戦で大勢の働き盛りの人が亡くなったため、ドラッカーのような20代の若者も第一線の記者や論説委員として働いていたわけですが、当然、まだ経験の浅い若い記者を鍛えるために50代の編集長は頻繁に1人ひとりとこんな話し合いを重ねたといいます。

1．毎週末、1週間の仕事ぶりについて振り返りの時間を持つ。
2．半年に一度、2日間をかけて半年間の仕事ぶりについて話し合う。
3．最初に「優れた仕事」を取り上げ、次に「一生懸命やった仕

事」を取り上げる。その次に「一生懸命やらなかった仕事」
を取り上げ、最後に「お粗末な仕事や失敗した仕事」を取り
上げる。
4．話し合いの最後には２時間ほどをかけて、これから半年間の
「集中すべきことは何か」「改善すべきことは何か」「勉強す
べきことは何か」を話し合う。

　いずれもとても手間のかかることですが、こうした話し合いを
通して編集長は若いスタッフを訓練し、指導することで育てよう
としました。
　その後、新聞社を退社したドラッカーはアメリカに渡り、コン
サルタントとして活躍するようになってからある時、当時のこと
を思い出し、定期的に時間をとって当時と同じような「振り返り
と将来への課題出し」を行うようになり、それが大いに役に立っ
たと振り返っています。

　今の時代、課題を指摘して立て直しを図る「フィードバック」
や、短時間でのミーティング「１on１」などさまざまなやり方
がありますが、「すぐやるチーム」をつくるうえで大切なのは定
期的な検証と反省によって「仕事のムダを徹底的に洗い出す」こ
とであり、「今後に向けての課題を明確にしていく」ことです。
　人づくりには時間がかかりますが、長い目で見れば人を育てる
ことこそが仕事の速さと質の両立へとつながっていくのです。

基本的行動
　部下の仕事のやり方について定期的な検証と反省の時間を持つ。

リーダーは率先して
早く帰ろう

　個人であれ、チームであれ、「すぐやる」を習慣にするために
は「残業をしない」という制約を自分に課すことで、「限られた
時間の中でいかに効率よく仕事をするか」を懸命に考えることが
大切になります。

　「働き方改革」が叫ばれるようになって以来、長時間残業をさ
せないために一定の時間が来たら部屋の照明を切ったり、あるい
は週のうち何曜日かを「ノー残業デイ」と決め、その日はみんな
が残業をせずに早く帰るようにという試みをしている企業もあり
ます。

　しかし、実際には週１日だけの「ノー残業デイ」は効果が期待
できないというのがワーク・ライフバランスの小室淑恵さんの考
え方です。

　小室さんによると、たとえば週に１回だけの「ノー残業デイ」
であれば、その前後の日の残業を増やすことで「ノー残業デイ」
ではこなしきれない、やり残した仕事を吸収することができま
す。それでは単に週に１回だけ残業をせずに帰る日があるだけ
で、「働き方」そのものは変わっていないことになるのです。

　「ノー残業デイ」を実施するのなら、少なくとも週に２日以上

は「ノー残業デイ」とし、かつ何曜日にするかは個人の裁量に任せるべきだというのが小室さんの提案です。

そのうえで最も大切なのは、リーダー自身が率先して早く帰ることです。メンバーが「今日はノー残業デイ」だからと帰ろうとしたところ、リーダーは一向に帰る気配がなく、「もうちょっと仕事をしてから帰るから」と毎日、残業をしたとしたら、他のメンバーも何となく帰りにくくなってしまい、「ノー残業デイ」はもちろん、「残業なしですぐやるに挑む」など夢物語になってしまいます。

本来、良きチームというのは、誰かが休暇をとっていると、空いている席を見て、「ゆっくり休めるといいな」と幸せな気持ちになるのに対し、関係のギスギスしたチームでは、「自分たちがこんな忙しい思いをしているのに、なんであいつは休んでいるんだ」という呪う気持ちになってしまいがちです。

良きチームは、誰かが燃え尽きそうだったり、早く帰ることや休暇が必要なことに気づくことができるだけに、オーバーワークを防ぐこともできます。

そしてそのためにはリーダーの役目がとても重要で、リーダーがみんなに「残業をしないように」「休暇をとるように」とわざわざ言わなくても、リーダー自身が率先して早く帰宅したり、休暇をとることで、チームのみんなもそれが可能になっていくのです。

基本的行動
リーダーは「残業しないで帰る」を率先して実行しよう。

リーダーは「コミュニケーション過剰」であれ

これまで「残業するのが当たり前」と思っていた人たちを「すぐやる人」「すぐやるチーム」に変えていくのは簡単なことではありません。

どんな改革もそうですが、慣れ親しんだやり方を変えるのは大変です。「働き方改革」が進む中、残業を前提とした働き方は「おかしい」し、「変えるべきもの」と頭では分かったとしても、これまで残業を前提とした働き方をしていた人にとっては、「残業をせずに就業時間内で仕事をしよう」と言われても、一体何から手をつけていいのかが分かりません。

そもそも何年も「残業が当たり前」の仕事をしていた人にとっては、なぜ今さら働き方を大きく変えなければならないのかが理解できないのです。

そんな時、求められるのがリーダーの話す力です。

メンバーの1人ひとりに「なぜ働き方を変えなければならないのか」「なぜすぐやるチームに変わらなければならないのか」といった理由をきちんと伝え、1人ひとりの理解と納得を得ることが必要なのです。

トヨタ式をベースとした生産改革に取り組んだある企業の経営

者は、改革にあたって「社長の自分が決めたことだから従え」というやり方ではなく、複数ある生産ラインの一本だけをモデルラインに選び、自ら新しいつくり方を試みる一方で、毎日、社員を７～８名程度集めて「何のために改革をするのか」を根気よく説明することでみんなの理解を得ていきました。

　権限や権力で進める改革は一時期は速いのですが、そこにみんなの納得がないために途中から中だるみになり、元に戻ることも少なくありません。逆にみんなの理解と納得を得る努力を経ての改革は、スタートしてからは一気に進むことができるのです。

　グーグルの元ＣＥＯエリック・シュミットによると、「何かを人に伝えたいと思ったら、たいてい20回は繰り返す必要がある」と言います。数回だけでは、みんな忙しすぎて、気づきません。さらに繰り返すことで「何か言っているな」となり、もっと繰り返すことで言っている本人はうんざりしてきますが、そこまでいって初めて周囲に伝わり始めるのです。

　もちろんどんな時にも嫌というほど繰り返す必要はありませんが、本当に大切なこと、本当に伝えたいことに関しては、リーダーは「コミュニケーション過剰」であるべきなのです。

　「すぐやるチーム」をつくるためには、チームの１人ひとりが「何のためにすぐやるのか」をしっかり理解して納得することが不可欠なのです。それがあってこそ、チームの仕事は「すぐやる、速くやる」に変わっていくのです。

基本的行動
　リーダーはみんなの理解と納得を得る努力を惜しむな。

第 5 章

「すぐやる組織」の
PDCAの回し方

問題の「真因」をつかめ、何を するかはそこから見えてくる

　ここまで「すぐやる」ことのメリットや「すぐやる」ための段取り術などについてまとめてきました。「すぐやる」というと、とにかく目の前の仕事をすぐにやることだと思い込んでいた人も、「すぐやる」ためには「どうすれば効率の良いやり方ができるか」といった事前の準備が必要だということが理解できたのではないでしょうか。

　こうした事前の準備は新入社員研修で教えられる「PDCAサイクル」で言えば、「P＝計画」になりますが、仕事を効率よくこなし、成果を上げていくためには「D＝実行」の素早さや粘り強さと共に、「P＝計画」のたしかさがとても重要になります。

　「PDCAのサイクルを回す」というと、「何を今さら」と思う人もいるかもしれませんが、かつてトヨタの社長、会長を務めた奥田碩さんが「私はどこの会社でも経営できます。それは私がPDCAを回せるからです」と言い切ったように、PDCAのサイクルを「素早く、効率よく回す」ことができれば、ビジネスにおける成果を確実に上げることができるのです。

　その際、大切なのがまず課題や問題の全体をつかみ、それに基づいた「計画」を立てることです。反対に成果を焦って憶測や思

い込みだけで計画を立てたり、「とにかく実行を急ごう」と十分な計画なしに実行に移ってしまうと、PDCAはスタートからつまずき、DCAをどんなに熱心に行なっても、サイクルは回らず、回ったように見えても成果につながることはありません。

かといって計画に「ムダに時間をかける」ことほどムダなことはありません。ポイントは問題を前にしたなら、『なぜ』を5回繰り返す」ことで、「問題の真因」をつかみ、「真因を潰すための計画」を立て、そこからは一気呵成に進んでいくことです。

かつてある企業がある地区での売上げの低迷を改善しようと営業社員の増員を計画したことがあります。「人を増やせば売上げも伸びるはずだ」という思い込みです。ところが、いざ実行すると計画通りにはいきませんでした。

そこで、改めて「なぜ」と問いかけてみると、営業社員の担当地区が明確に決まっておらず、各自が広いエリアを移動するため移動時間や待ち時間に多くを割き、商談の時間が極端に不足していることが分かりました。問題は「人の不足」ではなく、「効率の悪い活動の仕方」にあったのです。

このように「問題の真因」をつかまないままの計画や実行は効果のないものになりがちです。PDCAを回すうえで大切なのは、問題の真因を正しくつかみ、その真因を潰すための実行計画をつくることなのです。

基本的行動
効果的な計画立案には「真因」をつかむことが欠かせない。

目的は１つ、手段は
いくつもある

　真因をつかんで、実行するための計画を立てる段階で、トヨタ式が大切にしている考え方があります。

「目的は１つ、手段はいくつもある」

「１つの目的に対して、その手段なり方法は非常に多い」

　たとえば、「人を１人減らす」という目的なら、こんな方法が考えられます。

１．自動機械を導入して人を減らす。

２．ロボットを導入して人を減らす。

３．作業改善を行なって人を減らす。

４．１人当たりの作業量を増やして人を減らす。

　最後の方法は労働強化につながるため、トヨタ式ではあり得ない選択ですが、会社によっては余分な投資も手間もかからないからと、「とりあえずこれでいこう」となるかもしれません。

　トヨタ式ではこのような解決策をできる限りたくさん考えて、１つひとつについてコストや効果、メリットとデメリットなどを総合的に比較検討したうえで、最善のものを選びます。

　もしこうした検討なしに、たとえば「100万円の機械を導入し

よう」と決めてしまうと、あとになってもっと良くて費用のかからない方法が見つかった場合、せっかくの機械導入が「失敗」という評価になってしまいます。

　そのような失敗を避けるためにも計画立案にあたっては、たとえ「これ以上ない名案」を思い付いたとしても、少なくとも３つくらいの代案を考えて、「本当にこの案でいいのか」と検討することが必要になります。

　ある県の土木建築部がバイパス建設にあたり、「目的は１つ、手段はいくつもある」を実践したことがあります。
　それ以前は専門業者に計画を任せ、計画を承認するだけでしたが、公共事業にも費用対効果が求められるということで、自分たちが現地に行き、自分たちで計画を考えることにしたのです。
　メンバーは全員で現地を歩き、関係者の話をヒアリングしました。それをもとに必死に考えたところ、実に200ものアイデアが出てきたのです。なかには稚拙なものもありましたが、しっかりと比較検討することで、環境への負荷も費用負担も抑えた「最善だ」と自信を持てる計画をつくることができたのです。

　大切なのはこれまでのやり方を「当然」とせず、さまざまな方法を考えてみることです。ビジネスは時間との闘いであり、早くやらなければという焦りもありますが、成果を上げるためには最も効率の良いやり方をしっかりと見つけ実行することが必要なのです。

【基本的行動】
　計画に際してはフリーハンドでさまざまなアイデアを出そう。

185

「やる」か、「やらない」かに時間はかけるな

　「PDCAの計画に時間をかけろ」というと、なかには「やるか、やらないか」という所に時間をかけることと誤解をする人がいますが、それではいつまでたっても「すぐやる人」になることはできません。

　仕事を先送りする人の特徴は「今日は調子が悪いから明日にしよう」「今日はほかのことで手いっぱいだから明日どうするかを考えよう」などと「やらない言い訳」ばかりを口にすることです。これでは何も前に進みません。

　本章で取り上げるPDCAの計画は「やるか、やらないかを時間をかけて決める」ためでも、「できない理由」を考えるためでもなく、「やると決めたうえで、どうやってやるかを考える」という意味の計画です。

　トヨタの元社長・豊田英二さんが「戦前の日本で自動車産業を興す」という誰もが不可能と考えた事業に突き進んだ創業者・豊田喜一郎さんについてこう話しています。

　「本人（喜一郎）は『無鉄砲じゃない。オレには成算があったんだ』と言っていたよ。当時の大財閥でも、日本では自動車産業

は成り立たないという結論を出したようだ。今でも一度『ダメだ』という答えを出してしまうと、その後は、見直して、やれる方法はないかと探すより、ダメという資料ばかり集めてくる。喜一郎は、自分でまずやると決めた。だから、その後検討するものは、『やれるかやれないか』ではなく、『どうやるか』だけなんです。やるという強い意欲で、壁を突き破って前へ行く道を見つけ出したんだと思う」

　トヨタは「計画に時間をかける」会社と言われていますが、それが可能なのは計画づくりに取り掛かる時期が早いうえ、決まった後の実行力が群を抜いているからです。

　「計画に時間をかけろ」というと、とかく「やるか、やらないか」に時間をかける人が出てきます。反対意見や異論が噴出してせっかくのアイデアが潰されてしまったり、ようやく「やる」と決まった時には既に時機を失しているということも少なくありません。

　これではPDCAは回らなくなるし、「すぐやる」など到底望むべくもありません。目の前にやるべき仕事があり、解決すべき問題がある時、「やらない言い訳」をいくら上手にしたところで何の意味もありません。

　計画で大切なのは、「どうすれば効率よく成果を上げることができるか」であり、「どうすればすぐやる、速くやるが可能になるか」です。計画を間違っても「やらない言い訳」を考えたり、「先延ばしの時間稼ぎ」の場にしないことが何より大切なのです。

基本的行動
　計画で考えるべきは「どうすれば効率よくできるか」である。

どっちが正解か分からなければ両方やってみよう

　計画段階では複数のアイデアを出し、比較検討したうえで「最善のもの」を選べばいいと書きましたが、時には「1つには絞り切れない」ケースも出てきます。

　そんな時にはどうすればいいのでしょうか?

　結論が出るまでさらに時間をかけて比較検討をすべきでしょうか?

　そんなことをしていたら時間ばかりがかかって問題がより大きくなったり、あるいはせっかくのチャンスを逃すことになりかねません。

　「どっちが正解か分からなければどちらもやってみればいい」というのがトヨタ式の答えです。トヨタ式の基礎を築いた大野耐一さんがこう言っています。

　「どっちが正解か分からないからと、議論ばかりやっていると、現場は旧態依然のやり方を続けることになって、そこの職場は生産性がいつまでも上がらないままになる。だから、とにかくやってみる。意見が2つ出たら、両方をお互いに1日ずつ、両方の言い出した人間がやってみる。それで結果を調べて、やはりこっちの方がいいんじゃないかと納得するまでやるだけの執念を

持ってやらなければならない」

　たくさんのアイデアの中から明確に1つ選ぶことができればいいのですが、たとえば最後に残った2つとか3つのアイデアについて甲乙つけがたい時には、それぞれやってみて、その結果を「目で確かめればいい」というのがトヨタ式の考え方です。

　それをせずに議論だけで決めようとすると、結果的にはムダな時間が費やされたうえに、「声の大きな人」の意見が通って、「もっと良いアイデア」が実行されずに捨てられることもあるだけに注意が肝要です。

　こうしたやり方を販促に利用して成功した企業があります。新商品を発売するにあたり、販促のためのいくつものアイデアが出ましたが、1つに決めることができませんでした。そこで、1週間だけすべての方法を試すことにしたのです。

　普通は複数のアイデアを試すとしても、まずは1つを試して、「効果が出ないから、やめて次を試そう」となりますが、それではあまりに時間がかかります。そこで一度に試すことで「何が効果的か」を調べ、最も効果的なものを中心に以後の計画を立てることで大きな成果を上げています。

　複数あるアイデアの中から何が最善かを見極めるのは難しいものです。どうしても決めきれない時には議論に時間をかけず「複数やってみる」という小さな「実行」を組み込み、その結果を見て「計画」をつくるのも効果的なやり方です。

基本的行動
　1つに絞り切れないなら同時に全部やってみればいい。

「異論」にしっかり
耳を傾けよう

　計画策定にあたっていくつものアイデアを考えて、比較検討を行い、「よし、これでいこう」という計画が決まったとすれば、あとは速やかに実行へと移るわけですが、この過程で大切にしたいのが「異論にしっかり耳を傾ける」ということです。

　今から50年近く前のことですが、当時スーパーマーケット業界8位だったイトーヨーカ堂は、アメリカのチェーン企業からノウハウを導入することで、成長しようと考えました。候補の1つがセブンイレブンで、交渉を任されたのがのちに社長となる当時38歳の鈴木敏文さんです。

　鈴木さんはセブンイレブンの本部会社サウスランドとの交渉を通して成功を確信しますが、社内だけでなく社外の専門家からも「時期尚早」「小売店の多い日本でコンビニは無理」という反対意見が多数寄せられました。

　戸惑う鈴木さんに創業者で社長の伊藤雅俊さんは「成功するかどうか人の意見を聞きなさい」と言いました。

　多くの反対意見がある中で「人の意見を聞きなさい」は、「諦めなさい」となりがちですが、伊藤さんの真意は違っていました。新しいことを進めるためには、反対する人たちを説得するだ

けの材料や論理、信念が欠かせません。反対する人が大勢いる中で、「できると言ったらできるんだ」と無理に計画を推し進めても必ず途中で計画は頓挫します。

　そうならないためには反対する人の意見にしっかりと耳を傾けて、その1つひとつについて納得できる材料を提供し、かつ反対する人がいても決して諦めることなく最後までやり抜くという強い信念を実行者は持っていることが何より大切なのです。

　伊藤さんの「人の意見を聞きなさい」は鈴木さんにそれだけの覚悟と準備を持って事業に臨む大切さを教えたものであり、鈴木さんのやり通す意思を確信した伊藤さんは「失敗したなら、やらせた自分が泥をかぶればいい」という覚悟で計画を承認、セブンイレブンは大成功を収めることとなったのです。

　計画を立てる際、会議などでみんなが「異議なし」と言う場合、普通は「良かった、満場一致で」となりますが、トヨタ式ではこう考えます。

　「異論がないということは異論を見落としていると思え。異論がなければ異論をつくれ」

　計画策定で大切なのは会議などで異論が出ないように根回しに時間をかけることよりも、異論にしっかりと耳を傾けることです。異論を聞くのは辛いし不愉快なものですが、それらを乗り越えることでより良い計画になると思えば、異論は「いちゃもん」ではなく「ありがたいアドバイス」となるのです。そのうえでみんなが計画に納得すれば、以後の実行スピードは格段に上がります。

基本的行動
　計画のブラッシュアップのために「異論」に耳を傾けよう。

失敗を恐れず「まずやってみる」を大切にしよう

　せっかく立派な計画をつくったとしても、肝心のPDCAがうまく回らないことがあります。計画は問題ないはずなのに、計画通りの成果が上がらないとか、あるいは実行が途中で頓挫するなど中途半端に終わる理由のほとんどは「実行力の弱さ」にあります。

　実行で大切なのは2つです。

1. まずやる。とことんやりきる。

2. 熱意を伝えて人を巻き込む。

　こうした実行ができない理由はいろいろあるでしょうが、突き詰めると「失敗が怖い」「責任を問われたくない」「反対派から批判される」といった感情です。

　こうした感情が強くなると、「すぐやる」べきところを実行を先延ばししたり、最後までやるべきところをちょっとした問題が起きただけでやめたり、妥協するようになってしまいます。

　これではいくら立派な計画を立てても意味がありません。失敗を恐れることなく、やるべきことを「すぐやる」ためには何が必要なのでしょうか。アマゾンの創業者ジェフ・ベゾスはこう言っ

ています。

「失敗を覚悟すると、心は軽くなるのです」

ベゾスがインターネットの急成長に気づき、アマゾンを創業したのは1994年（サービス開始は95年）のことですが、当時はインターネットを使ったビジネスで成功した人は誰もいませんでした。

それだけにベゾスの起業に積極的にお金を投資しようという人はほとんどいませんでした。ベゾスは両親や知人に資金を提供してもらう時、「成功確率は10％」という驚くべき数字を伝えています。実際には「成功確率30％」と考えていましたが、それでも失敗確率は70％です。なぜそんな危険な賭けに出たのでしょうか。

ベゾスによると失敗を過度に恐れると、成功に必要なリスクを伴う決断ができなくなってしまいます。しかし、それでは成功は望めません。ベゾスはインターネットビジネスの可能性は高く評価しながらも、失敗の可能性もあることを認め、失敗を覚悟して起業したからこそリスクをとることができたし、アマゾンを成功へと導くことができたのです。

どれほどしっかりと検討してつくった計画であっても、そこに失敗への恐れがあると、つい実行をためらう気持ちが生まれます。しかし、それではいつまでたっても「すぐやる人」にはなれません。計画はしっかりつくったうえで、「失敗したらもう一度やり直せばいい」と失敗を覚悟してすぐに実行に移ります。

PDCAの核心は「実行」にあるのです。

基本的行動

計画ができたなら「失敗」を恐れず、すぐに実行しよう。

「すぐやる」「今日やる」を習慣に

「事業というのは、もっともらしい計画や予測を立てるから成功するわけではなく、現実に起こっている変化を絶えず追いかけ、それに素早く対応するなど、迅速な実行力が伴ってこそ成功する」はGEの伝説のCEOジャック・ウェルチの言葉です。

そこにあるのは完璧な計画をつくること以上に、やるべきことをどれだけ迅速に実行するか、という姿勢への強いこだわりです。ところが、会社によっては「これをやろう」という計画が決まっても、あれこれ思い悩んだり、あれこれ言い訳をして実行を先延ばししようとするケースも少なくありません。

これではどんな計画も「宝の持ち腐れ」になってしまいます。

こうした「実行をためらう」風土を変えようと、F社が立ち上げたのが「すぐやるチーム」です。やるべきことが決まったら、その日のうちにできることはすべてやる、というのがすぐやるチームの使命です。

たとえば、工場の当直の人間が夜に工場を見回って、「ものが片づいていない」「コードが多すぎて危険である」といった気づきを日誌に書き込んでも、以前は、それを見た管理職が担当部署に「こんな指摘があるからやっておいて」と伝えるだけでした。

　「分かりました」という返事は返ってきますが、担当部署は「忙しいから」と後回しにして、最終的にはみんなが忘れてしまうというのがいつものことでした。

　さらに問題なのは、アクションが伴わない「書いただけ」「伝えられただけ」だと、「よそのことなのにわざわざ告げ口をして」という感情問題になることでした。これでは「言う人」も嫌になるし、「言われた人」も嫌になります。

　そこでF社は、日誌を見た管理職が「具体的にどう改善するか」を考え、「すぐやるチーム」がその日のうちに実行するようにしたのです。

　もちろんすべてができるわけではありませんが、できるものは「すぐに」やり、すぐにできないものに関しても管理職が「いつまでに改善策を考え、いつまでに実行する」という「期限」を決めてみんなに宣言することにしました。

　何もしないと告げ口になりますが、すぐに改善すれば「仕事がやりやすくなった」「ヒヤリハットが減ったね」と効果を実感できます。結果、F社は積極的に問題を指摘して、問題はその日のうちに改善して安易に先送りしないという空気がみなぎるようになり、他の計画に関しても安易に「先延ばし」するのではなく「決まったことはすぐにやる」という風土へと変わりました。

　人はせっかく計画を立てても、つい「今日から」ではなく、「明日から」「今度やる」と自分を甘やかすところがあります。大切なのは「すぐやる」「今日やる」と決め、実行することなのです。

基本的行動
　実行は「すぐやる」「今日やる」を原則にしよう。

小さく始めて
大きく育てよう

　しっかりとした計画を立てたものの、すぐに実行に踏み切れない原因の１つは「失敗への恐れ」です。ちょっとした仕事ならすぐにやることでたとえ失敗してもたいした影響はありませんが、大きなプロジェクトや大きな改革となると、お金も人も時間もかけて取り組むだけに失敗した時のダメージは大きなものがあります。

　こうしたケースではどうしても計画を立てる段階でも、実行の段階でも慎重にならざるを得ません。では、このような場合にどうすれば「すぐやる」が実行できるのでしょうか？

　無理なく「すぐやる」を実行するためには①たくさんではなく１つだけつくってみる、②すべてを変えるのではなく一部だけを変えてみる—といったやり方が効果的です。

　トヨタがレクサスの開発をしていた時、これまでよりも性能のいいエンジンをつくる必要が出てきました。しかし、それには多額の資金がかかるうえ、技術的にも相当難しいということで反対意見がたくさん出ました。

　そこでチーフエンジニアが提案したのが「１台だけ試作してくれ」でした。量産は無理でも１台だけなら試作することができま

す。そのエンジンを載せた車をつくり、実際に走行実験をしたところ素晴らしい数字が出たのです。そのお陰でチーフエンジニアは求めるエンジンをつくることができるようになり、レクサスの成功へとつながったのです。

　アイデアがあるなら、稚拙でも、たった１つでもつくってみることです。できたものを見れば良いか悪いかがすぐに判断できるため、スムーズな実行が可能になります。

　ある企業がトヨタ式をベースとした生産改革への移行を計画しましたが、社員の多くが反対したため実行することができませんでした。そこで、同社のトップは複数あるラインのうちの１本だけを選んで新しいつくり方を試みることにしました。

　ほとんどの社員は慣れたつくり方が続けられるということで表立って反対する人はいませんでした。最初は新しいやり方で問題が出ましたが、トップは根気よく改善を重ね、従来のつくり方よりも効率の良い生産が可能になりました。

　そして「これで大丈夫」と確信したトップが他のラインも新しいつくり方に変えることを提案したところ、「見て納得した」社員からの反対はなく、むしろ歓迎する雰囲気になったと言います。

　大きな計画を立てるとどうしても「一気に」「すぐに」にこだわりたくなるものですが、そこには反対も生まれやすく、問題が起きて頓挫するリスクもあります。「急がば回れ」ではありませんが、まずは小さくてもすぐに始めて、様子を見ながら大きく育てていくこともPDCAをスムーズに回すコツと言えます。

基本的行動
　「大きく一気に」よりも「小さく少しずつ」を試してみよう。

情報を飼い殺しにするな

　本書でも何度か触れましたが、計画を確実に実行する効果的な方法の1つに、「見える化」があります。見える化には、次のようなメリットがあります。

1．関心の低下を防ぐ

　計画を実行し始めた頃、メンバーはやる気にあふれ、周りの人たちも強い関心を持っています。ところが、時間が経つにつれて関心は薄れ、メンバーのやる気まで低下することが少なくありません。計画の実行を後押しするのは、周りの人たちの強い関心であり、見える化はその役目を果たしてくれます。

2．進捗状況を共有できる

　計画を効率よく実行するためには、計画段階で「誰が、何を、いつまでにやるか」を明確にすることが効果的ですが、さらに実行段階に入ってそれぞれがどこまで進んでいるのかが分かれば「計画は順調か」「遅れているとしたら何が原因か」などを一目で知ることができます。

　計画や実行の「見える化」を効果的に使うことで工場のゴミゼ

ロを実現した事務機器メーカーがあります。

　ゴミゼロを実現するには、工場で働く1人ひとりが意識を高め、ゴミの分別などに積極的に協力してくれることが必要です。ところが、計画は立てたもののみんなの協力が進まず、計画通りの成果を上げることができませんでした。そこで、プロジェクトチームのメンバーが会社トップに「協力するように強いメッセージを出していただけませんか」とお願いしたところ、トップはこう言いました。

　「工場の人たちは今でも大変な仕事をしているのだから、過度の負担をかけないようにしてほしい。みんなが率先して楽しく参加できるように工夫して、情報も決して飼い殺しにしないように」

　計画を立てることはプロジェクトチームのメンバーだけでもできますが、いざ実行となるとたくさんの人の協力が欠かせないというのはよくあることです。そんな時、「決まったことだから」と実行を強制したとしても、そこに理解や納得がなければスムーズに進むことはありません。

　そこで、メンバーはみんなからアイデアを募ったり、自分たちの取り組みを見えるようにするなど、みんなを行動に巻き込む工夫をするようにしました。その甲斐あってプロジェクトは本格的に動くようになり、念願のゴミゼロを達成できたのです。

　どんな良い計画も実行されなければ意味がありません。実行にあたっては情報や進捗状況の「見える化」によって、関係する人たちの関心を高め、理解と納得を得る努力も大切なのです。

基本的行動
　みんなの関心を高め実行する力にしよう。

「やる」ではなく「やり切る」を徹底しよう

　計画段階を経て、実行段階に移ったら、日々、期待している成果と現状の差を見届けることが大切になります。そのうえでズレがあれば「すぐに」修正をすることで、目指す目標へと着実に近づくことができます。

　そしてそのためには一旦、実行段階に移った以上、単に「やる」のではなく、結果が出るまできちんと「やり切る」ことが必要なのですが、なかにはその我慢ができず、実行が中途半端なままに計画をコロコロと変えてしまう人もいます。

　トヨタ式による生産改革に取り組んでいる企業のトップGさんはとても勉強熱心で、先進企業を自ら視察に行くなど、自ら学び、自ら改革の先頭に立つ積極性も持っていました。

　改革において大切なのはトップの熱意です。トップが本気ならほとんどの社員はついていきますが、トップが他人任せであまり関心を示さないようなら改革は頓挫しがちです。

　その意味ではGさんは理想的なトップでしたが、1つだけ欠点がありました。成果を急ぐあまり、せっかく計画を立てて実行に移っても、成果が出ないと1か月も経たないうちに別のやり方

をやろうとするのです。たとえば、「原価低減」という目標に対し、ある月は「作業改善でやれ」と言ったかと思うと、次の月には「自動機械を入れろ」と言い出し、その翌月には「いっそのこと人を抜いたらどうだ」と言い出すのです。

　目標を速く達成したいがゆえの発言であることは十分に理解できますが、あまりに計画変更がたびたびになると、生産現場で実際に改革に取り組む社員も何か指示されたとしても、「どうせ来月には違うことを言い出すんだから本気でやらなくていいよ」と本気で実行しようとはしなくなってしまいます。

　すると、ますます成果が上がらないため、Gさんの指示がさらに変わるという悪循環に陥ってしまいます。

　誰でも新しいことを始めた以上、1日も早く結果を出したいものですが、人間の能力が努力を重ねてある日突然に伸びていくように、たいていのものは結果が出るまでには時間がかかります。上がったり下がったりの繰り返しを経て初めて良い結果につながるものです。

　実行には結果が出るまで「やり切る」という「粘り強さ」を欠くことができません。最もやってはいけないのは、ちょっとだけやって結果が出ないと、結果を見届けようともせず計画をコロコロと変えていくことです。

　まったく見込みのないものをダラダラと続けるのは問題ですが、変えすぎるのも問題です。計画はやり始めたなら、最後まで「やり切る」こと、結果を見届けることが何より大切なのです。

基本的行動
　実行は中途半端にせず、「やり切る」を心がけよう。

チェックを怠らず
微調整機能を持て

　計画を立てたらすぐに実行に移る必要がありますが、別項でも触れたように実行に際して気をつけなければならないのがチェックを怠らず、「計画に縛られ過ぎない」ことです。

　「計画」と「実行」「チェック」の関係について、ピーター・ドラッカーがこう指摘しています。

　「計画なくしてはすべて成り行き任せとなる。途中で計画のチェックを怠ると、意味のあるものとないものを見分けることすらできなくなる」

　「自分たちが立てた計画に奴隷のように従うのはバカげている」はアマゾンの創業者ジェフ・ベゾスの言葉です。

　ベゾスはとても几帳面な性格で、創業前には30ページにも及ぶとても緻密な計画を立てています。「インターネットでものを売るとしたら何が良いか？」について20を超える商品について比較検討を行った結果、本を選んだほか、起業からサービス開始までに半年以上をかけて完璧なシステムをつくろうとしています。

　しかし、実際にサービスを開始してからは「計画に奴隷のように従うな」とばかりに次々と新しいアイデアを実行することでアマゾンは2年足らずで株式公開にまでこぎつけています。その間、役に立った計画など何もなかったと言う一方で、計画を立てるメリットについてこんなことも言っています。

　「現実は決して計画通りにはいかない。しかし、計画を立て、それを書き表すというトレーニングによって、考え方や気持ちが整理され、気分も良くなってくるんだ」

　計画を立てることは問題を整理することであり、成功への道筋をはっきりさせることです。緻密な計画はスムーズなスタートを約束してくれますが、一方で市場の変化やユーザーのニーズの変化など計画には想定外もつきものです。
　そんな時、「計画通り」に進めてしまうと、さまざまな矛盾が生じてかえって計画通りの成果を上げることはできなくなってしまいます。あるいは、せっかく予期していなかった市場が目の前に開けたにもかかわらず、「これは計画にはない」と無視することで大きなチャンスを逃すことだって考えられます。
　大切なのは計画と現実との乖離に気づいた時、どれだけ柔軟に微調整ができるかという点です。再び会議を開いて計画の修正をしている時間はありません。計画の実行にあたってはドラッカーが言うようにチェックを怠らず、速やかな微調整を行なってこそ期待を上回る成果を上げることができるのです。

基本的行動
　「計画通り」にこだわらず柔軟に変更していこう。

評価・改善は「終わってから」ではなく、日々行え

PDCAを回すにあたって、評価はいつ行えばいいのでしょうか。一般的には「すべてが終わった時」や「月単位」で行ないますが、計画と現実のズレをつかみ微調整を「すぐやる」ためには「日々評価、日々改善」が理想です。

理由はすべて終わった後で、「良かった、悪かった」と評価したところで、将来の計画策定の参考にはなっても、結果をさかのぼって変えることはできないからです。それは月単位の場合も同様で、たとえば1か月前の数字を見たとしても、手を打てるのは翌月からですから、その月の数字を改善することはできません。

それよりも評価はできるなら日々行ない、日々改善することで、ほんの少しずつでも「良い方向」に持っていくことができるわけですから、すべて終わってからの評価よりも「より良いもの」にできる可能性が高くなります。

パナソニックの創業者・松下幸之助さんがこう言っています。

「平穏無事の1日が終わった時、自分が今日1日やったことは、はたして成功だったか失敗だったか心して考えてみる」

何も変わったことのなかったような日についても、「今日1日」を振り返れば、小さな失敗もあれば、小さな成功もあるはずで

す。それらを1つひとつ「なぜうまくいったのか」「なぜうまくいかなかったのか」と反省することで、小さな学びが得られ、やがては大きな進歩につながるというのが松下さんの考え方でした。

PDCAについても、大きなサイクルを回していたとしても、そこで「日々評価、日々改善」を続けることができれば、漫然と回すのとは違う成果を上げることができるのです。

さらに「数字」で成果が評価できるならそれが理想です。

トヨタがまだ小さな会社だった頃、世界一の自動車メーカーだったGMとの原価比較を行ない、何とか追いつこうと改善を続けたことがあります。

当時、両社の売上は何十倍もの差がありましたが、原価はトヨタの1に対してGMが0.5でした。トヨタはその差額をバランスシートに表して、見えるようにしたうえで日々の改善によって1円、2円とその差を埋める努力を続けました。

原価の違いを知ることは、自分たちに何が足りないかを知ることになります。しかし、それだけでは意味がありません。日々改善によってその差がほんの少しずつでも縮まっていくことを知れば、生産現場で働く人たちにとってもやりがいにつながります。トヨタは日々そんな小さなPDCAを回すことでやがてGMを抜く会社へと成長したのです。

評価は「終わってから」ではなく、「日々評価」を目指します。そうすることで成果はより確かなものとなるのです。

基本的行動
「終わってから評価」ではなく「日々評価、日々改善」を。

「やめる」時にこそ
「すぐやる」を

　戦いにおいて最も難しいのは「撤退」であると言われていますが、ビジネスにおいても「前進」か「撤退」かは、いつも難しい問題です。

　今や日本を代表する企業の1つとなったユニクロですが、元は山口県の小郡商事という衣料品の販売店で、2代目社長となった柳井正さんが1984年に広島市にカジュアルウェアの小売店「ユニクロ」の1号店を出店して以降、さまざまな失敗を重ねながら大企業へと成長しています。

　柳井さんによると98年に原宿店を出店したことでユニクロは全国的な知名度を獲得していますが、そこに至るまでには「ユニクロ」以外にスポーツカジュアルを売る「スポクロ」や、ファミリーカジュアルを扱う「ファミクロ」などを出店しては撤退を繰り返しています。

　それぞれ17店舗、18店舗とそれなりの規模にはなりましたが、ユニクロ商品との違いが明確に打ち出せなかったこともあり、1年も経たないうちに撤退を決め、ユニクロ店に転換したり、後継テナントを見つけて後始末をしています。

　「1年で撤退」というとずいぶん早い気がします。柳井さんは

オーナー社長ですから、柳井さんが「続ける」と言えば続けられるわけですが、柳井さんはこう考えています。

「スピードこそ、商売や経営に欠くべからざる大事な要素だ。スピードがない限り、商売をやって成功することはない。だから、僕は失敗するのであれば、できるだけ早く失敗する方がよいと思う」

本人としては万全の計画を立てて実行しているだけに、失敗を認めるには勇気が必要です。たいていの人は「これは失敗だな」と何となく気づいても、結果から目をそらし、蓋をしたくなるものですが、それでは余計失敗の傷口が深くなり、「回復の余地なく失敗する」ことになってしまいます。大切なのは、失敗したと判断した時には、「すぐに撤退する」ことで、そうすることで初めて失敗から学び、スピーディーなリカバリーも可能になるというのが柳井さんの考え方です。

始めることに関しては「すぐやる」ができる人の中にも、撤退に関しては「すぐやる」ができないままに失敗を拡大する人がいます。「せっかくここまでやったのに」「これだけの時間とお金をかけたのに」という思いが撤退をためらわせるのかもしれませんが、「あと少し」の無理がさらに事態を悪化させるというのはよくあることです。PDCAでは時に「やめる」「やり直す」という決断も必要で、判断の遅れが傷を大きくすることになるのです。

基本的行動
　失敗したと判断したら「すぐに撤退する」勇気を持とう。

「期待外れ」でも安易に元に 戻すな、もう一度やってみよう

　しっかりと計画を立ててすぐに実行したにもかかわらず、明らかに失敗したと分かった時にはすぐに「やめる」という決断をする必要があります。

　失敗がはっきりしているにもかかわらず、「これだけのお金と時間をかけたのだから」と撤退を引き延ばしてしまうと大けがをすることもあるだけに、メンツにこだわらず失敗を認める勇気が必要になります。

　では、失敗とは言えないものの、計画に比べて「やや期待外れ」の成果しか上がらなかったときはどうでしょうか？　このような場合、やってはいけないのが「元に戻す」というやり方です。

　新しいやり方を導入したにもかかわらず期待通りの成果が出ないと、「だからやるなと言ったんだ、この程度の成果しか出ないんなら元のやり方に戻した方がいい」と言って、「元に戻そう」とする人がいますが、それではせっかくの「変えていこう」という挑戦が全否定されてしまいます。

　こうした「うまくいかなかったら元に戻す」ことを続けていると、誰も新しいことに挑戦しようとしなくなりますし、そもそも

挑戦的な計画など誰も考えようとしなくなってしまいます。これでは変えることも、変わることもできない組織になってしまいます。そうならないためにトヨタ式が大切にしているのが次のような考え方です。

「改善が改悪になったら、元に戻すのではなく、もう一度改善しろ」

トヨタの元社長・張富士夫さんがこう説明しています。

「人間ですから、一発で100点をとれることはない。少しタイミングが早すぎたり、遅すぎたりしたこともあります。ただ、踏み出す方向が180度間違っていなければ、途中ですぐに改善、つまり軌道修正すればいいと思っています」

何かを変えようとする時、「変える」前には真因を調べ、たくさんのアイデアを出して比較検討するなど計画策定にはベストを尽くしますし、実行に際しても全力を尽くすわけですが、それでも計画通りにはいかず、期待外れの成果しか出ないことはよくあることです。

ここで大切なのは安易に元に戻すのではなく、「なぜ計画通りの成果が出なかったのか」という「真因」であり、「目指す方向は正しいのか？」という「問いかけ」です。目指すものが正しければ、真因を調べてもう一度改善を行ないます。PDCAのサイクルを何度も回すことで60点のものが70点、80点と上がっていけばいいというのも大切な考え方です。

基本的行動
目指す方向が正しいなら元に戻さず、もう一度挑戦しよう。

成功した時にこそ
反省しよう

　PDCAにおけるチェックのポイントは2つあります。

1．実行のプロセスをチェックする。

2．うまく実行できた時にこそ厳しくチェックする。

　ものづくりの世界に「品質は工程でつくり込む」という考え方があります。製品の出来不出来については最終の検査で確認するのが一般的ですが、検査によって「良品と不良品」を分けることでお客様のところに不良品がいくことを防ぐことはできても、それだけでは良品を安定してつくることはできません。

　大切なのは「なぜ不良品ができたのか」という真因を調べて、2度と同じ不良品が出ないように改善をすることです。工程を改善すれば、良品を安定してつくることができるようになるというのが「品質は工程でつくり込む」という考え方です。

　同様にPDCAの実行においても、どのようなプロセスを踏んで結果を出したのかを重視します。プロセスがしっかりしていれば、誰がやっても、何度やっても、同じ成果を出すことができるように、プロセスに問題があれば、期待通りの成果を上げることはできません。

　それを忘れて、計画通りにいかなかった時、「今回は運が悪かったね」などと「運のせい」にしてしまうと、せっかくの改善の機会を失うことになるだけに、「なぜうまくいかなかったのか」については実行のプロセスを厳しくチェックすることが必要なのです。

　こうしたチェックは期待通りの成果が出なかった時だけでなく、期待通りの成果が出た時にも行わなければならないというのがトヨタ式の考え方です。こんな言い方があります。

　「チェックとは反省である。目標を達成できなかった時の原因は誰でも追及するが、達成した時の反省はほとんどしない。なぜ達成できたのかをつっこんで調べて活用することが大切だ」

　なぜ成功した時のチェックが必要なのでしょうか？

　ボクシングの世界に「ラッキーパンチ」という言い方があります。試合の流れは良くなかったものの、一発のラッキーパンチで勝利を手にするというものですが、ビジネスにおいても、思いがけない幸運が重なってうまくいくことがあります。たしかに「勝ちは勝ち」なのですが、それを実力と勘違いすると、単なる「運頼み」の仕事しかできなくなってしまいます。

　成功の中にも反省すべき点は多々あります。失敗した時の反省はもちろん、成功した時も「どこかに改善すべき点はないか？」を謙虚に反省します。そうすることで「偶然の勝利」を「いつでも何度でもできる勝利」にしていくことができるのです。

基本的行動
　失敗した時はもちろん、成功した時にもしっかりチェックしよう。

いいと思ったら
トコトンやり続けよう

　PDCAを回すことで期待通りの成果を上げることができた場合、企業によっては「よくやった」とその成果に満足して、そこでサイクルがストップしてしまうことがよくあります。

　たしかに計画を立て、実行をして、見事な成果が出れば、それはそれで大成功と言えますが、ここで考えたいのが「PDCA」になぜ「A」がついているかということです。PDCAのDoとActionは、言葉としては似ていますが、わざわざDoと違うActionを使っているのは、1つのサイクルを回して結果が出た時には、そこで休むのではなく、「すぐに次のAction」に移ることが望ましいということです。

　たとえば、どのようなActionが望まれるのでしょうか。

1. 「これはいい」と思ったらとことんやり続ける。
2. 1つの部署や工場での成果をヨコテン（横展開）する。
3. うまくいったなら、そこで満足せず、「より良く」を追い求める。
4. うまくいかなかったなら、失敗の原因をきちんと調べて以後みんなの財産にする。

　計画と実行、チェックが終わったなら、そこで終わりにせず、「すぐに」次の行動に移ってこそ、PDCAを回す意味があるのです。まずは1の「やり続ける」効用を見ていきましょう。

　戦後、日本企業の品質力を高めるうえで「QC活動」が果たした役割はとても大きいものがあります。その成果の1つとして多くの企業にとって「デミング賞」は是非とも受賞したい賞となり、各社はこぞって受賞に向けて活動しましたが、「その後」に関しては大きな違いが生まれました。

　ある人がトヨタと日産の違いについて、こう書いています。

　「今日のトヨタがある理由は、TQCを一時的なイベントに終わらせることなく、デミング賞受賞をスタートラインとして、現在に至るまで営々と活動を継続・拡大してきたことにある。日産はデミング賞を『QCの墓場』にしてしまったのに対し、トヨタは『QCのゆりかご』にして今日に至っているのである」

　両社ともデミング賞を目指してPDCAを回したわけですが、一方が「これはいい」と自社での継続はもちろん、仕入れ先や販売先にまで広げていったのに対し、もう一方はそこを「ゴール」としたことがその後の違いにつながっているという見方です。

　1つの大きな成果を上げた時、人も企業も「よくやった」と満足してそこで一休みしがちですが、大切なのは「その先」です。せっかくの「良い成果」を「より良いもの」にするためにもPDCの次の「A」にすぐに移ることが必要なのです。

基本的行動
　チェックを終えたなら、それを活かして次の行動へ移ろう。

1つの成果を全体の
成果にしよう

　PDCAのサイクルを回して、「これはいい」という成果が上がったなら、一過性のものに終わらせることなく、その後も続けることでより大きな成果につながります。

　では、その成果を工場全体や会社全体のものにしたら何が起きるでしょうか？

　縦割り型の組織の場合、ある部署で素晴らしい成果を上げたとしても、それを他の部署に広げることはありません。その場合、せっかくの成果が一部署だけのものに終わり、同じような問題を抱えている部署があっても、その部署では成果を共有することなく自分たちで解決策を考えなければならなくなります。

　これはあまりにもったいないし、会社全体としても大変なムダをしていることになります。こうした縦割りの弊害を懸念したトヨタの元社長・豊田英二さんは、かつて部課長に対してこんな要請を行ないました。

　「工場が分かれ、同じような仕事をしている部門が会社の中でいくつかに分かれるようになっている。一方の工場で得られた性能や事故など多岐に渡る知識は、すぐに他の工場にも連絡するよ

うにしていただきたい。本社工場では非常に能率をあげる改善ができたけれども、近くにある元町工場では何も知らずに、他社の工場の改善策を見て感心した、というようなことがあったのでは、問題にならないのです」

企業規模が小さな頃は、お互いの顔も見えるし、日常的なコミュニケーションを活発に行ないますが、組織が大きくなり、いくつもの部署に分かれるようになると、横の連携が悪くなるだけでなく、成功事例は自分たちだけで抱え込み、失敗事例は隠すようになります。

これがたくさんのムダを生み、組織としてのスピードを落とすことにつながります。こうした弊害を防ぐために豊田英二さんが提唱したのが「ヨコテン（横展開）」という仕組みです。

企業によっては「水平展開」とも言いますが、PDCAを回して良い結果が出たり、問題解決につながる素晴らしい改善ができた時など、「すぐに」他の工程や他の工場、他部署にも適用することで、１つの成果を組織全体で共有するというやり方です。

ただし、その成果を「そのまま」実行するだけでは知恵がないというのがトヨタ式の考え方です。良い成果を知ったなら、そこに自分たちなりの知恵をつけて、「さらに良い成果」につなげます。それを再びヨコテンをすれば、組織としての成果は瞬く間に素晴らしい成果となっていきます。PDCAのAに「ヨコテン」を加えると、その成果は大きく成長することになるのです。

基本的行動
良い成果を上げたなら「すぐに」ココテンしよう。

失敗したら「失敗のレポート」を書いておけ

　PDCAを回すことですぐれた成果が上がったら、その成果は1つの部署だけのものに留めることなく、他の部署にもヨコテンしていくことで1つの成果は全体の成果になります。

　では、良い成果ではなく失敗した時にはどうすればいいでしょうか？

　たいていの人は良い成果は「大きな声」で話したとしても、失敗に関しては「小さな声」どころか、できれば隠そうとするものですが、ここで大切なのが第4章でも触れたように、失敗は隠すのではなく、みんなに「見える」ようにするということです。

　ただし、「言うだけ」ではその場限りになるだけに、トヨタ式では「失敗のレポートを書く」ことを勧めています。ここでも豊田英二さんの考え方が生かされています。

　今と違ってインターネットもなく、工作機械を購入するにもカタログなどが頼りだった時代、若いトヨタ社員のHさんがアメリカの工作機械メーカーから1台の機械を購入しました。

　自分の給料の何十倍もする機械だけに、Hさんは調べられることはすべて調べ、稟議書も書き、上司の承認も得て発注しましたが、いざ到着してみると、Hさんが期待していた通りの役目を果

たさないことが分かったのです。

　Hさんは直属の上司にすぐに謝罪したうえ、技術部門の責任者だった豊田英二さんに直接、報告と謝罪に行きました。Hさんは厳しい叱責や、何らかの処分を覚悟していましたが、英二さんは報告を聞いた後、「それで、その実験の理屈は分かったのか」と質問しました。Hさんが「はい、分かりました」と答えると、英二さんはこう言いました。

　「分かったならそれでいい。その失敗はお前の勉強代だ」

　そしてこう付け加えました。

　「なぜ失敗したのか、今後、同じような失敗を防ぐためには何が必要なのかをしっかり分析して、失敗のレポートを書いておけ」

　英二さんによると、失敗をした社員が「覚えておく」だけでは、その失敗はいつか忘れられるし、みんなに広まることはありません。みんなが同じ失敗を繰り返さないためには、失敗の原因をしっかりと分析したうえでレポートに残し、みんなが共有することが大切だというのが以後、トヨタの考え方になりました。

　ネットフリックスの創業者リード・ヘイスティングスによると、イノベーションに必要なのは、「成功したら祝杯をあげ、失敗したら大騒ぎせず公表する」ことだといいます。失敗を叱責すると、社員は委縮します。「失敗の原因と失敗から何を学んだか」を公表すれば、失敗もみんなの財産になるというのです。

　失敗を叱責するのではなく、教訓や財産にできるかどうかがPDCAを素早く回せるかどうかの大切なポイントなのです。

基本的行動
　失敗のレポートを書くことで失敗をみんなの財産にしよう。

PDCAの輪を少しずつ
大きくしていこう

　PDCAのサイクルを回すことで「良い結果」が出たとしたら、多くの場合は「良くやった」と成功を讃え、そこで一段落となりがちですが、大切なのはそこで満足するのではなく、「さらに良い結果」を求めてすぐに次のサイクルを回し始めることです。

　1960年代半ば、一千トンプレスの段取り替えに、トヨタは4時間を要していました。外国の同業者はその半分です。段取り替えに時間がかかるというのは、その間、生産はストップすることになりますから、同じものをたくさんつくるならともかく、トヨタ式が目指す「市場の売れに合わせてものをつくる」うえでは大変なハンデになります。

　そこで、外国の同業者の半分の1時間での段取り替えを目標にプロジェクトをスタートしました。時間のかかる原因をつぶさに調べ上げ、100項目を超える改善を行なった結果、半年後には1時間以内に短縮することに成功しました。

　素晴らしい成果です。普通はこれほどの成果を上げれば、そこで一段落になるはずですが、トヨタ式の基礎を築いた大野耐一さんはさらにこんな指示を出しました。

「3分間にまで短縮できないか」

それはあまりに突飛なものでした。1時間でさえ画期的なのに、3分ともなると世界の誰も挑戦したことがありません。当然、プロジェクトのメンバーは「無理だ」と考え、コンサルタントのIさんに「大野さんに無理だと言ってくれませんか」とお願いしたところ、Iさんは「ひょっとしたらやれるかもしれない」と言い出したのです。

段取り替えには、機械を止めて行わなければならない「内段取り」と、機械の稼働中でもできる「外段取り」があります。Iさんは段取りに必要な作業を徹底的に分析することで、内段取りを可能な限り外段取りに転化したうえ、段取りのやり方も工夫すれば時間を大幅に短縮できるのではと考えたのです。

プロジェクトチームはこうした改善を1つずつ積み重ねることで、それまで誰も考えなかった3分間での段取り替えを実現、トヨタは目指すつくり方に向かって大きく一歩を踏み出すことができたのです。

トヨタ式に「改善したところをまた改善して、さらに改善する」という言い方がありますが、PDCAも1つの成果が出たからと、そこで満足することなく「すぐに」さらなる良い成果を求めてサイクルを回し続けることが理想です。

「今日の最善」が「明日の最善」とは限らないのがビジネスの世界です。絶えず「より良く」を追い求める姿勢が大切なのです。

基本的行動
　常に「より良く」「より高く」を求め続けよう。

失敗してもくよくよしている暇はない。猛スピードでPDCAサイクルを回せ

　ここまで「すぐやる組織」のPDCAサイクルの回し方についてまとめてきましたが、最も重要なのは「失敗を恐れることなく何度でもすぐに実行する」という姿勢ではないでしょうか。

　今やGAFAと並んでイノベーティブな企業として知られるネットフリックスの創業者リード・ヘイスティングスによると、イノベーションを起こすためには次のようなサイクルを回すことが必要になります。

１．反対意見を募る。
２．計画は、まず試してみる。
３．賭けに出る。
４．成功したら祝杯をあげ、失敗したら公表する。

　本章で触れたことと近いものもありますが、なかでも大切なのが２の「まず試してみる」だといいます。ほぼすべての企業で上司が反対する企画が実行に移されることはありません。

　ましてやトップが反対すれば当然企画は没になりますが、ネットフリックスではたとえ会社のトップが断固反対しても「実験」が行われます。その結果として「成功」なら祝杯をあげますが、

「失敗」でも非難するのではなく、その原因や対策を含めて公表します。

そして失敗した人もそこで罰せられることはなく、失敗を教訓にして再びすぐに挑戦をするというのです。これがネットフリックスの「イノベーション・サイクル」です。

実はこれはネットフリックスの専売特許ではありません。ホンダの創業者・本田宗一郎さんは社員にこう言い続けていました。

「失敗したからといって、くよくよしている暇はない。間髪を入れず、その原因究明の反省をして、次の瞬間にはもう一歩踏み出さなければならないのである」

本田さんは「いくら良い発明、発見をしても、100万分の1秒遅れたら発明でも発見でもない」と言うほど「スピード」にこだわった人です。それだけに失敗をしたからと責任を追及したり、くよくよしているほど馬鹿げたことはなく、その原因を調べてすぐに次の一歩を踏み出せというのが本田さんの考え方でした。

もちろん中には安全が第一で何より慎重さが求められる業種もありますが、今の時代「時間をかけ過ぎる」ことは敗北を意味します。勝つためには「すぐやる」が重要ですが、「すぐやる」ためには失敗してもくよくよせず、すぐに力強い一歩を踏み出すことが何より大切になります。

「反対されてもまずやってみる」「失敗してもすぐに立ち上がる」という姿勢こそがPDCAサイクルを猛スピードで回すことを可能にし、新しい何かを生み出す力となるのです。

基本的行動
失敗を恐れずPDCAサイクルを猛スピードで回そう。

おわりに

　本書の執筆と出版には日本能率協会マネジメントセンターの黒川剛氏にご尽力いただきました。心より感謝申し上げます。

　また、本書の執筆にあたっては、次の書籍・雑誌を参考にさせていただきました。いずれも大変な労作であり、学ぶところも多かったことに感謝いたします。

『デッドライン仕事術』（吉越浩一郎著、祥伝社新書）、『部下を定時に帰す仕事術』（佐々木常夫著、WAVE出版）、『プレイングマネジャー「残業ゼロ」の仕事術』（小室淑恵著、ダイヤモンド社）、『すぐやる人は、うまくいく。』（中谷彰宏著、学研プラス）、『すぐやる力』（塚本亮著、PHPビジネス新書）、『なぜか、「仕事がうまくいく人」の習慣』（ケリー・グリーソン、楡井浩一訳、PHP文庫）、『先送りせずにすぐやる人に変わる方法』（佐々木正悟著、KADOKAWA）、『「明日やろう」「後でやろう」がなくなるすぐやるスイッチ』（尾藤克之著、総合法令出版）、『ストレスなし！　残業なし！　の仕事術　仕事を「すぐやる人」の習慣』（『THE21』編集部編、PHP研究所）、『トヨタの片づけ』（㈱OJTソリューションズ、KADOKAWA）、『How Google Works（ハウ・グーグル・ワークス）私たちの働き方とマネジメント』（エリック・シュミット、ジョナサン・ローゼンバーグ、アラン・イーグル著、土方奈美訳、日本経済新聞出版社）、『トヨタ式「改善」の進め方』（若松義人著、PHPビジネス新書）

桑原晃弥（くわばら てるや）
1956年広島県生まれ。経済・経営ジャーナリスト。慶應義塾大学卒。業界紙記者を経てフリージャーナリストとして独立。トヨタからアップル、グーグルまで、業界を問わず幅広い取材経験を持ち、企業風土や働き方、人材育成から投資まで、鋭い論旨を展開することで定評がある。主な著書に『ウォーレン・バフェット 巨富を生み出す7つの法則』（朝日新聞出版）、『スティーブ・ジョブズ名語録』（PHP文庫）、『トヨタのPDCA＋F』（大和出版）、『トヨタだけが知っている早く帰れる働き方』（文響社）、日本能率協会マネジメントセンター（JMAM）でも『トヨタ式 考える力』『グーグルに学ぶ最強のチーム力』『仕事の効率を上げミスを防ぐ整理・整頓100の法則』『ほめ方・叱り方100の法則』など多数。

すぐやる人になる仕事術 100 の法則

2021 年 1 月 30 日　初版第 1 刷発行

著　者——桑原晃弥　　Ⓒ 2021 Teruya Kuwabara
発行者——張 士洛
発行所——日本能率協会マネジメントセンター
〒 103-6009 東京都中央区日本橋 2-7-1　東京日本橋タワー

TEL 03(6362)4339(編集)／03(6362)4558(販売)
FAX 03(3272)8128(編集)／03(3272)8127(販売)
http://www.jmam.co.jp/

装　丁——冨澤 崇（EBranch）
本文 DTP——株式会社森の印刷屋
印刷所——広研印刷株式会社
製本所——ナショナル製本協同組合

ISBN 978-4-8207-2869-6　C2034
落丁・乱丁はおとりかえします。
PRINTED IN JAPAN

JMAM の本

ダンドリ倍速仕事術100の法則
松井順一／佐久間陽子 著

ストレスとうまく付き合う100の法則
下園壮太 著

オフィスの業務改善100の法則
松井順一／佐久間陽子 著

ほめ方・叱り方100の法則
桑原晃弥 著

仕事のミスゼロ100の法則
藤井美保代 著

SNSマーケティング100の法則
カーツメディアワークス 著

経営計画100の法則
宮内健次 著

インプットの効率を上げる勉強術100の法則
和田秀樹 著

人前であがらずに話せる100の法則
新田祥子 著

整理・整頓100の法則
桑原晃弥 著

失敗しない! クレーム対応100の法則
谷厚志 著

人生が大きく変わる話し方100の法則
酒井とし夫 著

心理マーケティング100の法則
酒井とし夫 著

日本能率協会マネジメントセンター